滇缅大通道上的交大人

桂富强 主编

西南交通大学出版社
·成都·

图书在版编目（CIP）数据

滇缅大通道上的交大人 / 桂富强主编. —成都：
西南交通大学出版社，2017.8
ISBN 978-7-5643-5742-9

Ⅰ.①滇… Ⅱ.①桂… Ⅲ.①公路运输－交通运输史
－史料－云南 Ⅳ.①F542.9

中国版本图书馆 CIP 数据核字（2017）第 223207 号

滇缅大通道上的交大人	桂富强	主编	责任编辑　杨岳峰 封面设计　严春艳

印张　9.25　字数　168千	出版发行	西南交通大学出版社
成品尺寸　170 mm×230 mm	网址	http://www.xnjdcbs.com
版次　2017年8月第1版	地址	四川省成都市二环路北一段111号 西南交通大学创新大厦21楼
印次　2017年8月第1次	邮政编码	610031
印刷　四川煤田地质制图印刷厂	发行部电话	028-87600564　028-87600533
书号　ISBN 978-7-5643-5742-9	定价	60.00元

图书如有印装质量问题　本社负责退换
版权所有　盗版必究　举报电话：028-87600562

《滇缅大通道上的交大人》
编委会

主　编：桂富强

副主编：江　铮　郑　澎　朱正安　许金砖　颉　芳

编　委：乔真真　陈姝君　马艳娟　夏小童　朱　炜
　　　　阮　琦　周　伟　陈　薇　崔良平　智新一点
　　　　王　洋　曹文翰　蔡京君　陈丝丝　朱莹燕
　　　　鞠红伟　刘　亮　梁碧波

序

东汉末年杰出的政治家、军事家、文学家、书法家曹操，在其《观沧海》中有这样的诗句："东临碣石，以观沧海。水何澹澹，山岛竦峙。"诗中所提到的"碣石"就紧邻山海关。就是在这个明长城东端起点的"天下第一关"、素有"边郡之咽喉，京师之保障"之称的地方，诞生了一所中国近代最早的铁路高等学府，她就是如今的西南交通大学。

西南交通大学肇始于1896年，时称山海关北洋铁路官学堂，迄今已有120年的历史。她与1895年创办的北洋大学（今天津大学前身）、1896年开办的南洋公学（今上海交通大学、西安交通大学前身）并列为中国创办最早的大学。西南交通大学从诞生之日起经历了八国联军侵华战争、军阀混战、抗日战争、唐山采煤引起的地质条件变化带来的校址困扰、唐山大地震等，可以说其走过的路格外曲折。尤其是在抗日战争时期，从1937年的卢沟桥事变开始，我校广大师生不仅与当时中国的其他高校师生一同为保存中华民族的精神之火，开始了搬迁之路，更有很多人在滇西保卫战中为了中华民族的生死存亡而投笔从戎，使得我校成为滇西抗日中参与人数最多的高校。

尤记当年碧血痕。滇西是中国抗战收复的第一片国土。中国在滇西、缅北的胜利，不仅达成了直接的战略目的，而且对抗战全局产生了极为深远的影响。正由于此，中国才在1945年春制定了桂柳反攻计划。如今，当人们在阅读这段历史时，不能忘记为滇西抗战胜利立下汗马功劳的一条大通道，它就是滇缅大通道。这条大通道包含了滇缅公路、滇缅铁路、中印公路、中印油管，以及"驼峰航线"。

为了这条大通道，滇西数百万民众，不论老弱妇孺还是青壮年男子，在崇山峻岭中依靠最简陋的工具，几乎是用双手"抠"出了那条滇缅大通道，那条中国唯一的"输血线""生命线"。而在滇西数百万民众的后面，有着一群创造奇迹的中国工程师，他们几乎都是交通大学唐山工程学院（今西南交通大学）培养的，他们中有赵祖康、杜镇远、龚继成等一批西南交大的杰出校友。同时，交通大学唐山工程学院的大批学生也义无反顾地奔赴战场，在滇西反攻战役中担任美军译员，配合中国远征军发动进攻。

这是一段不能忘却的历史，这是西南交通大学师生在国家和民族危亡之时的又一爱国壮举。为了让人们记住这段历史，在纪念中国人民抗日战争暨世界反法西斯战争胜利70周年和西南交通大学建校120周年前夕，我们一行8人在校党委副书记桂富强的带领下，于2015年7月底，专程前往滇缅公路旧址、驼峰机场旧址、滇缅铁路等开展校友事迹寻访、搜集和调查工作。我们从成都出发直奔云南昆明，经楚雄，至大理，转保山腾冲、龙陵，抵芒市、德宏畹町。

在云南省昆明市，我们探访了滇缅公路零公里纪念碑、320国道眠山路口、滇缅公路纪念雕塑群和滇缅铁路旧址；在大理市祥云县，我们先后参观了云南驿滇缅公路纪念馆、史迪威公路遗址、驼峰航线机场遗址、二战中印缅战区交通纪念馆、美军指挥部旧址；在位于保山市隆阳区的著名爱国华侨领袖梁金山故居。我们详细了解梁老在抗日战争期间积极捐献大量财物、购买巨额爱国公债、捐资修建惠通桥的动人故事。在保山市腾冲县滇缅抗战博物馆、国殇墓园，桂富强代表大家为长眠于此的中国远征军献上鲜花。

2015年恰逢西南交大杰出校友龚继成先生逝世70周年，我们一行专程来到距保山城70公里处的惠人桥进行祭奠。惠人桥一度被称作"继成桥"，用来纪念龚继成先生。龚继成先生先后出任滇缅公路工务局局长，中印公路和中印油管工程处处长并兼任多处军用机场的施工负责人。先生凭借他高超的筑路架桥技术和卓越的组织才能，团结、领导广大工程技术人员和筑路大军，以最快的速度修复滇缅公路上跨越怒江天险的惠通桥，及时抢修滇缅公路被破坏的地段，有力地支援中国远征军打击滇西的日军并把他们赶出国门。同时组织施工队伍争分夺秒地抢筑中印公路和铺设中印油管，在盟军的支持下，终于打通了新的援华国际通道，为及时争取外援最终打败日本侵略军作出了卓越贡献。

在保山市龙陵县滇西抗日战争松山战役主战场遗址,我们感受到了当年战争的惨烈。同时,我们还前往黑山门战斗遗址、南洋华侨机工抗日纪念碑、雷允飞机场遗址以及著名的畹町桥进行资料搜集,这让我们充分感受到了因路而生、因路而兴、因路而强的西南交通大学从山海关出发,经唐山、过平越、隐峨眉,最终来到成都,在 120 多年颠沛流离的路上,扎根中国大地办大学,始终为祖国"育才造士",并以路救国、以路报国而产出的丰厚历史和文化积累。

本书由桂富强、汪铮、朱正安、郑澎统筹完成,滇缅公路部分由陈姝君编写,滇缅铁路部分由乔真真编写,中印油管部分由夏小童编写,翻译官部分由马艳娟编写。

本书在资料搜集阶段,得到了中国铁建大桥局集团第二工程有限公司的大力支持。在该公司的资助下,本书创作集体得以前往云南,在滇缅大通道沿途进行实地考察,在此表示特别感谢。

本书编写组

目录

滇缅公路篇

滇缅公路
 ——一条路和一个民族不屈的抗争·········002
 "用手指抠出来"的公路·········003
 炸不断的滇缅公路·········010
 二战中最伟大的工程奇迹·········016
 一条公路的历史功绩·········019

滇缅公路上的交大印迹·········024
 赵祖康:"久愿风尘殉祖国,宁甘药饵送余生"·········027
 龚继成:为抗日救国打造"输血线"·········031
 李温平:滇缅公路上的机械筑路和爆破专家·········043
 黎杰材:既负此重任,自当全力以赴·········052

滇缅铁路篇

光荣而未竟的滇缅铁路·········058
 在抗战中诞生·········058
 敢问路在何方·········059

战火中的群英会 ·· 061

　　地图上消失的铁路 ·· 064

杜镇远与滇缅铁路 ·· 068

　　临危受命，身先士卒 ·· 069

　　先求其通，后求其备 ·· 071

　　清正严明，知人善任 ·· 072

　　坚忍不拔，迎难而上 ·· 073

　　爱国至上，一片赤诚 ·· 075

　　爱校如家，拳拳之心 ·· 076

滇缅铁路上的杰出工程师王节尧 ···································· 080

　　"竢实扬华"功不可没 ·· 080

　　"精勤堂"的爱校表白 ·· 082

　　为滇缅铁路呕心沥血 ·· 083

中印油管篇

在战争中催生的油管 ·· 088

　　中缅印战场的失败 ·· 089

　　"一滴汽油一滴血" ·· 090

　　龚继成与呈贡机场的建设 ·· 091

　　交大老校长郑华曾在抗战前建议修建中缅油管 ············ 093

被称为"人猿泰山计划"的中印油管工程 ························· 096

　　中美协商共建中印油管 ··· 096

　　艰苦卓绝的"丛林会战" ··· 098

　　供油7月便退出历史舞台 ·· 103

曾经油管今安在？ ··· 106

翻译官篇

烽火硝烟中的大学生翻译官 ················· 108
    中缅印战区的开辟 ····················· 108
    福泉山下投笔从戎 ····················· 112
    交大学子踊跃报考 ····················· 113

昆明训练班里的交大学子 ··················· 115
    大牌云集的训练班 ····················· 115
    交大学子相携上战场 ··················· 116

青春在滇西战场上绽放 ····················· 117
    穿越"驼峰航线" ····················· 117
    应届毕业生里的"少校" ··············· 118
    战火中的"实习"答卷 ················· 119
    战火中的情谊 ························· 121
    青春在战火中绽放 ····················· 121
    从翻译官中走出来的大师们 ············· 122
    附：唐山交大应征译员的学生名单（共计92人） ········· 126

参考文献 ································· 130
后记：用血汗铸就的爱国壮举 ··············· 134

滇缅公路篇

滇缅公路
——一条路和一个民族不屈的抗争

畹町,中国边陲的一个小镇,与缅甸仅一河之隔。"畹町"系傣语音译,意为"太阳当顶",所以人们喜欢把畹町叫做"太阳当顶的地方"。在畹町河上有个不起眼的小桥——畹町桥,越过这条约20米宽的小河,公路向西南蜿蜒通向缅甸的腊戍。再往前,公路的尽头为缅甸的仰光港口。而在桥的中国一侧,公路在风光旖旎的崇山峻岭中延伸至昆明,如今被称作"昆瑞公路 G320"。然而,人们不会忘记,在70多年前,那一条用碎石子铺就,宽约一个半车道,路基深2~3米不等的狭窄公路——滇缅公路。在中国人民抗击日本侵略者的那段岁月中,它成为中国的"生命线""输血管"。它见证了世界反法西斯战争的历史,为祖国立下了奇功。

滇缅公路是由中国云南省昆明市至缅甸腊戍的国际公路。经中国云南省内的平浪、楚雄、祥云、下关市、保山、潞西、畹町镇等城镇进入缅甸,全长1146千米。滇缅公路内可连川、黔、康(民国时期设置的西康省)、桂四省,外可连接缅甸仰光、曼德勒。畹町镇至缅甸境内腊戍段长近186.6千米,此路段由缅甸负责修建。中国境内一段由我方修建,长约959.4千米,其路线翻越云岭、怒山、碧罗雪山、高黎贡山等6座大山,跨越漾濞江、澜沧江、怒江等中国最湍急的河流。由于地处高原,全路段的海拔约为1400~3000米,公路经常在云端之上穿行。

(畹町桥碑。朱正安摄)

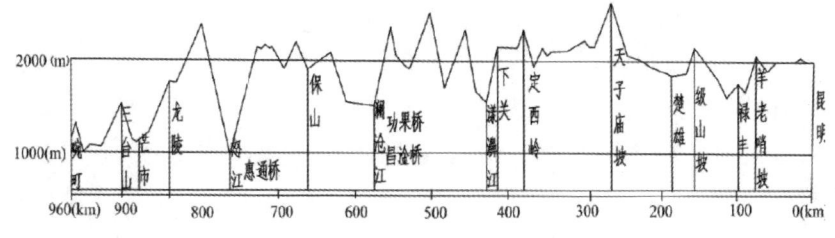

(滇缅公路国内段纵断面图,取自张渤:《史迪威公路建设技术及当代价值研究》,重庆交通大学,2014)

(龙陵至惠通桥的滇缅公路。朱正安摄)

这样一条在硝烟烽火中诞生的国际通道,在抗战时期一度成为我国唯一的一条国际交通线,它保证了抗战军援的持续供应,从物质上支持了我国正面战场的抗战,中国远征军也沿这条路赴缅甸作战,对我国的抗日战争和世界反法西斯战争的胜利起到积极作用。

"用手指抠出来"的公路

"蜀道难,难于上青天",唐朝诗人李白所吟之行路难,在中国西南边陲的云南也不遑多论，正如明代徐霞客所言："崎岖千水复千山"。云南有93%的地区是山地和高原，特别是滇西，有云岭、怒山和高黎贡山等山脉组成的横断山脉，平均海拔达到四五千米，而横断山脉及其分支各系纵横交错，层峦叠嶂、湍流纵横，地质条件复杂，更兼有多变的气候以及神秘的瘴气，天堑横亘，让云南的交通建设一直滞后。以在现代人看来极具浪漫色彩的"茶马古道"为例，历史上，沿着茶马古道从大理到保山的160多公里路程往往要走一个星期，其交通之艰难是难以想象的。

1910年，云南才有了当时唯一的一条铁路和唯一的国际通道——"滇越铁路"，连接越南海防市经中国河口至昆明，是全国为数不多的"米轨"铁路（窄轨铁路）之一。然而，这条铁路是法国殖民当局根据不平等条约修建且管理运营的，凭借这条铁路，法国殖民者控制了云南的交通、金融、邮政和电讯产业、矿业等等。直至20世纪20年代，国民政府和地方军阀为了更好地统治云南，开发矿业，攫取更大的利益，才开始在云南修筑公路。

1923年，时任云南省省长唐继尧决定修筑从昆明通往滇西直至国界的交通线，并于1924年开始动工。1926年，原计划按照铁路标准修建的"昆明—下关路"（又称为"滇西路"）改为采用汽车标准。1928年，人称"云南王"的彝族将军龙云接任云南省主席，他高度重视交通建设，在就任当年就成立了云南省公路总局，并亲自兼任督办。1929年，云南省政府"分全省为四干道八分区，饬令同时工作限期完成"①，但是受限于经费和技术力量的不足，到1933年，四干道和八分区仅完成419.6公里，且没有形成完整体系。从1924年着手公路建设到1937年，云南新修公路3415.4公里，而可以通车的公路仅有1177.7公里。其中，1935年，经过11年时断时续的修筑，"昆明—下关路"才终于通车，全程411.6公里，中间还有许多路段的

（滇缅公路零公里纪念碑。朱正安摄）

路基宽度以及弯道、坡度不符合标准规定。就是这一段"昆明—下关路"

---

① 云南公路史编写组. 云南公路史[M]. 北京：国际文化出版公司，1989：65.

构成了后来滇缅公路的东段，其零公里纪念碑设置在今天昆明的西站立交桥东北侧，彼时为昆明三分寺。

时间很快到了1937年，当年7月7日夜，日军在北平西南的卢沟桥附近演习时，借口一名士兵"失踪"，要求进入宛平县城搜查，遭到中国守军第29军严辞拒绝。日军遂向中国守军开枪射击，又炮轰宛平城。第29军奋起抗战。这就是震惊中外的"七七"事变，又称卢沟桥事变。

七七事变后，龙云奉召到南京参加最高国防会议，住在北极阁。一日，蒋介石前往造访，问及龙云军事形势发展趋势时，龙云回道："日本既然大举进攻上海，它的南进政策必付诸实施，南方战区可能扩大，到那时，香港和滇越铁路都有问题了。"趁此机会，龙云建议："国际交通应当预做准备，即刻着手同时修筑滇缅铁路和滇缅公路，可以直通印度洋。"蒋介石即刻同意，要求铁道部和交通部联系龙云，早日推进相关工作。①

局势发展果然应了龙云所言，1937年"八一三"淞沪会战打响后，中国对外的海上通道面临着被日本全面封锁的危机，陆上通道的抢通日益重要起来。

几个月后，大批公路工程专家云集昆明，从1937年12月起，滇缅公路西段的修筑开始。此次，西段工程仅耗时8个月，于1938年11月修通，一条崭新的国际通道在硝烟烽火中诞生了。

滇缅公路西段路线方案一直有争议，能够确定下来离不开勘测工作人员的极大付出，最终的路线方案就是基于勘测结果而产生的。通常，工程技术人员要步行勘测周围地域后，在设计室内对地图进行详细研究，再选择公路通行的最佳路线，按照这样的流程，勘测滇缅公路至少需要两年。然而，战争的脚步越来越近，日本对华交通路线的封锁越来越严密。不到30人的勘测团队在丛林中穿越，在悬崖上攀登，同时还要躲避野兽的袭击，最终，他们在7个月内，用普通的酒精水准仪就完成了勘测，且后半部分的勘测工作还是和路基的修筑同时进行的。他们没有时间制作详细的地形图或者返回办公室去研究和校对时，便常常在老百姓的茅舍中，在菜油灯微弱的光线下通宵鏖战，完成测绘图的描绘。靠着肉眼观察，凭着经验和

---

① 彭荆风. 滇缅铁路祭[M]. 昆明：云南人民出版社，2005：41-42.

直观感受判断,所有的勘测基本没有重复,而在二次勘测和完善公路时人们发现,第一次勘测的路线很少有大的变动。

1937年11月初,时任交通部次长王芃生到云南同当地政府进行协商后,根据实际勘测结果,确定了滇缅公路由下关向西开拓,经漾濞、永平、保山、龙陵等地,由畹町出界的路线。此段全长547.8公里,线路上高山峡谷连绵不绝,海拔起伏大,包括横断山脉纵谷区的云岭、怒山、高黎贡山和漾濞江、胜备江、澜沧江、怒江等组成了一道道天堑,每年夏季还有长达4个月的雨季,工程之艰难超乎想象。

1937年12月,西线工程正式开工。滇缅公路总工程处在保山成立,沿线分别成立了关漾、漾云、云保、保龙、龙潞、潞畹6个工程分处。同时,沿线各县民工征集工作也已铺开。修筑公路计划征派的民工数目巨大:凤仪县4000人、大理县5000人、蒙化县(今巍山)8000人、漾濞县6000人、顺宁县(今凤庆)5000人、昌宁县7000人、永平县8000人、云龙县10 000人、保山县28 000人、龙陵县7000人、腾冲县8000人、镇康县5000人、潞西设治局8000人、梁河设治局3000人、陇川设治局1000人、莲山设治局1000人、瑞丽设治局1000人,实际人数超出以上数字。[1]同时,因为国民政府给滇缅公路西段的修筑经费为320万元,平均到每公里费用仅有6100元,因此,民工几乎没有工资,生活费要自己凑。可是,知悉抗日战争全面爆发,亡国灭种的威胁降临,云南民众皆奋勇当先,积极应召。

这些来自公路线附近的汉、彝、白、傣、回、景颇、阿昌、德昂、苗、傈僳等十余个民族的民工,大多为老人、妇女、孩子,他们纷纷赶赴工地。民工上路的路程长短不一,远的要跋涉三至五天,还要自带粮食、衣帽、施工工具等。工地上一般都没有住房,民工只能自己搭建临时窝棚,有时甚至风餐露宿。寒风刺骨之时,民工只能自己烧火取暖;夏日炎热难耐,恶性疟疾能在几小时内夺去人的生命。当地老百姓把滇缅公路经过的一些地方视为畏途,民间"要下怒江坝,先把老婆嫁"的谚语就是说这里条件的恶劣。

20世纪30年代,中国的施工技术还很落后,再加上滇缅公路沿线的滇

---

[1] 谢自佳. 抗战时期的滇缅公路[Z]. 云南文史资料选辑:第37辑,1965.

西地区非常偏僻,修筑公路的基本机械如推土机、钻机、压路机等一应俱无,全由民工自带家中的刀、锄、锤、钻来工作。这条路也在后来被称作"用手指抠出来"的公路。在挖掘土方时,民工先用刀割掉杂草砍掉灌木,然后用锄头挖,再用竹箕把泥土运到公路边。这还算轻省的,挖掘岩石就更麻烦了,一般由专业的石匠来完成,他们用钻子一下下在坚硬的岩石上开凿出圆孔,埋入火药,再点火爆破,危险性极高。现在人们在滇缅公路沿线时不时见到的石碾就是当年民工们制作出的压路器械,巨大的石碾一般由二三十人牵引,来回碾压公路,直至所有石头压入泥土中,而在斜坡之上,石碾引发的惨事不计其数。

由于施工设备落后、生活条件差、自然环境恶劣等,民工常常死于疾病、坠岩、爆破、塌方。当时《云南日报》在题为《滇缅路修通了》的社论中提到:"曾经有不少的征服自然的男女战士粉身碎骨,血肉横飞,怪可怕的死于无情岩石底下,怪凄惨的牺牲于无情大江之中,还有不少开路先锋则死于恶性疟疾的暴力之下。据大约统计,牺牲于上述种种缘故的男女不少于二三千人。"①

(修路的石碾。朱正安摄)

虽然如此,修路的技术人员和广大民工们仍坚持忍受艰辛,夜以继日,以高涨的热情抢修公路。就连大理县中学生、永平县杉阳高小学生都志愿

---

① 滇缅公路修通了[N].云南日报,1938-09-21.

来到工地挖土筑路。①在滇缅公路沿线，到处是人山人海，开山凿岩，炮声隆隆。1938年1月至8月是滇缅公路施工的高峰期，全线施工人数平均每天5万多人，最高时达到20万人。②

龙陵县长王锡光所作"筑路谣"（现称滇缅公路纪念歌）较为全面地展现了当时的情况：

修公路，大建树；凿山坡，就坦途；造桥梁，利济渡。裹粮携锄怒江边，哪管老弱与妇孺，龙陵出工日一万，有如蚂蚁搬泰山；蛮烟瘴雨日复日，餐风饮露谁偷闲。

总动员，追呼征逐荒园田，褴褛冻饿苦群黎；星月风尘度新年，一段推进又一段。死病相寻受颠连，飞沙走石轰石砌。力已竭尽汗已干，伟大工程三百里，数月完成凭苦干。

民众力量真魁伟，前方流血后方汗。不是公路是血路，千万雄工中外赞。土方竣，铺沙填石更紧张。可恨天公心不良，朝朝暮暮降沱滂。

补倒塌，更难当。违误通车干军法，县官焦急一日茫；力竭声嘶呼民众，辛苦艰忍莫彷徨。非怪功令急如火，为国贤劳罔自伤。

东洋倭祸已深入，封我港口占我疆。君不见，兽兵到处嗜屠戮，华北华南尽遭殃。又不见，华东华中成焦土，牛马奴隶俎上肉。

兵员补充战疆场，胜利必须武器强，武器强还要交通畅。努力打开生命路，出海通达印度洋。国际同情齐援我，军火运输畅通航。最后胜利确把握，驱逐强盗国土复，还我山河武穆志，坚定信念兴民族。③

经过9个多月的艰苦奋战，滇缅路的筑路者们用最简陋的设备，完成了土方1100多万立方米，石方110万立方米，小桥1700多座和部分路面工程。④1938年8月31日，滇缅公路的路基全线修通，11月功果桥建成，

---

① 中国政协西南文史资料协作会. 抗战时期西南的交通[M]. 昆明：云南人民出版社，1992：91.
② 中国公路交通史编审委员会. 中国公路史：第一册[M]. 北京：人民交通出版社，1990：296.
③ 参考谭伯英. 血路——修筑滇缅公路纪实[M]. 昆明：云南人民出版社，2002：183-184.
④ 中国公路交通史编审委员会. 中国公路史：第一册[M]. 北京：人民交通出版社，1990：297.

惠通桥改建大致完毕。同年12月,第一批军需物资经滇缅公路运入昆明。至此,该路正式通车。

(滇缅公路纪念雕塑。朱正安摄)

(惠通桥。龚继成书中图片)

滇缅公路能在如此短的时间内通车是公路史上的奇迹,在世界范围内产生了很大影响,英国外交部二等秘书莫里新、美国驻华大使詹森先后考察了滇缅公路。其中,詹森飞抵仰光,由仰光驾车沿滇缅公路驶到昆明。他在电报中报告罗斯福总统:"总统阁下,请相信这一震惊世界的消息。滇缅公路工程之浩大,中国政府能于短期内完成此艰巨工程,此种果敢毅力与精神,实令人钦佩。修筑滇缅公路,物质条件异常缺乏。第一缺乏机器,第二纯系人力开辟,依赖沿途百姓的艰苦耐劳精神,这种精神是全世界任何民族所不及的。"他还称赞滇缅公路工程"可同巴拿马运河的工程比美"。①英国《泰晤士报》发表文章赞叹:"这只有中国人才能在这样短的时间内做得到。"可以说,滇缅公路的超高速建成是云南各族人民和工程设计人员辛勤劳动的结晶,体现了他们高度的爱国热忱。血肉筑成的滇缅公路"是中华民族生存力量的纪念碑"。②

炸不断的滇缅公路

对于抗战时的中国而言,获得外援是一项十分重要的任务。同时,日本由于没能实现"速胜",所以开始丧心病狂地断绝中国一切对外通道。在中国沿海口岸被日本封锁到滇缅公路通车之前,中国连接海外的交通运输线主要有三条:第一条是经过香港及广九铁路到达广州;第二条是经过越南海防及滇越铁路到达昆明;第三条是西北通道,即从苏联中亚地区的萨雷奥泽克开始,经迪化(今乌鲁木齐)到达兰州的公路,这条公路全长2925公里。③1937年9月5日,日本宣布封锁整个中国海岸。我国沿海重要口岸天津、上海逐一陷落,挥师南下的日军在1938年10月21日攻占广州,广九铁路被切断,香港通道失效。越南由于法国迫于日本的压力,对中国通过该通道的运输加以种种限制,运输能力大大降低。至于西北通道,路途遥远、环境恶劣,虽然相对安全,但运输成本过大。因此,在日军的触角还没有伸到安达曼海和孟加拉湾之时,滇缅公路的建成至为关键,它成为中国从海外输入物资的最重要通道。中国虽命悬一线,可也是绝处逢生。

在"先求其通,再求其备"的原则下修筑的滇缅公路虽然贯通了,但路况差,运量极为有限,仍有许多地方因不合标准而需要改善。其时,"西南进出口物资几全恃越南输入"。④据统计,欧战爆发前,滇缅公路每月的

---

① 张家德,蔡泽军,张愚. 滇缅路的修建及作用[Z]. 云南文史资料选辑:第37辑, 1965.
② 长流. 伟大的滇缅公路[N]. 云南日报,1940-08-04.
③ 吴承明. 帝国主义在旧中国的投资[M]. 北京:人民出版社,1955:45.
④ 黄菊艳. 战时西南运输档案史料[J]. 档案与史料,1996(5).

运输量仅为 200 吨，而同期的越南线路（包括滇越铁路和桂越公路）则为 12 500 吨。①

（汽车行驶在滇缅公路上。朱正安摄于腾冲县滇缅抗战纪念馆）

滇缅公路的改善工程启动于 1939 年 1 月，交通部成立滇缅公路运输管理局接管滇缅公路的改善工程和汽车运输业务。行政院第四百二十八次会议决议要求：1940 年雨季前改善工程办完，使运输量达到每月进口 6000 吨，并能终年通车无阻。②据此，每日行车按 600 辆计，对于路基、路面、坡度、弯道、桥梁等应作大量改善。滇缅公路运输管理局将全路划分为 7 个总段，26 个分段，每 10 公里建立一养路道班，负责路基、路面的养护和维修，主要是把打通时路基太窄、弯道太急、坡度太陡、行车困难甚至危险的路段加以拓宽或改线。③

随着抗战的持续进行，滇缅公路的作用越来越大，对滇缅公路运输量的要求也越来越高。滇缅公路运输管理局利用沿线民工和部分工程承包商，

---

① [美]费正清. 剑桥中华民国史（1912—1949）：下[M]. 北京：中国社会科学出版社，1998：58.
② 中国政协西南文史资料协作会. 抗战时期西南的交通[M]. 昆明：云南人民出版社，1992：94.
③ 参考贾国雄. 抗战时期滇缅公路的修建及运输述论[J]. 四川师范大学学报：社会科学版，2000，27（2）：100-105.

并进口了开山机、压路机、碎石机等施工机械,施行了几项大规模的改善工程。云南省政府先后动员 18 个县的 27 万人,对 20 余个路基过狭、弯道过急、坡度过陡、行车困难甚至危险的路段加以拓宽或改线;铺筑 60 多公里易于修缮的弹石路面;铺筑 157 公里柏油路面,这也是中国铺修高级公路的开端;在澜沧江上拥有功果桥的基础上增建吊桥——昌淦桥,该桥以抢修过程中牺牲的桥梁专家钱昌淦之名命名。经过两年多的积极改善,共完成路基土石方 200 万方,加补路面 580 公里;新建及改建大桥三座,新建小桥 13 座,改建 230 座;新建涵管 1265 道。①

(昌淦桥。朱正安摄于腾冲县滇缅抗战纪念馆)

滇西雨季时间长,极易发生塌方或者水毁,有时在不到 35 公里的地段上竟然有上百处塌方,严重威胁交通运输和公路本身的安全,基于此,滇缅公路运输管理局在重要地段配备工人,随塌随抢,并用哨子呼唤附近的村民参与紧急救援,以免运输中断。在大家的努力下,路况不断改善,塌方越来越少。据统计,被清除的塌方的土方量:1939 年 363 000 立方米,1940 年 137 700 立方米,1941 年 223 000 立方米,1942 年 72 675 立方米,1943 年 22 230 立方米。②

---

① 张嘉墩在国民参政会第二届第一次大会的工作报告[J]. 档案史料与研究,1996,(4):41.
② 谭伯英. 血路——修筑滇缅公路纪实[M]. 昆明:云南人民出版社,2002:94.

1939年9月,欧战爆发,日本趁英美无暇东顾,开始向南洋扩张。11月,美国国会修改《中立法案》,取消了关于禁止把武器和战略物资运往交战国的规定。这样,美国的援华军用物资源源不断地从滇缅公路运入中国,于是,滇缅公路的货运量迅速增加。据当时日本参谋本部的推测,从1939年9月至1940年间,滇缅公路每月运入的军用物资已达一万吨,[①]是欧战爆发前的5倍。由滇缅公路运入的物资数量仅次于滇越铁路,占总运量的1/3。

1940年6月,法国越南总督接受日方"停止中越货运"的要求,滇越铁路被迫停运,滇缅公路开始独自承担国际运输的重担。同年10月7日,日军专门组建滇缅公路封锁委员会,动用100架飞机,以河内机场为基地,大规模轰炸滇缅公路的重要桥梁,企图切断这条战略通道。从1940年10月18日开始到1941年2月17日,日军共计轰炸功果桥和昌淦桥14次,出动飞机192架次;轰炸惠通桥6次,出动飞机162架次。抢修人员不顾危险,夜以继日进行抢修,使桥梁很快又得以通行。一次,功果桥在轰炸中损伤严重,通车受阻,日军叫嚣:滇缅路已断,三月内无通车的希望。可几天后,抢修人员用100余个汽油空桶扎成浮筏,搭上木板,使得汽车又可以通行,打破了日军的计划![②]

(日机轰炸滇缅公路。龚继成书中图)

---

① [日]日本国际政治学会太平洋战争原因研究部. 通向太平洋战争的道路(进入南方)[M]. 东京:日本朝日新闻社,1963:187.
② 蔡佑祥. 血肉共筑抗战生命线[J]. 红岩春秋,2011(2):56-64.

（1940年9月起，日军6次轰炸惠通桥。龚继成书中图）

我国筑路员工英勇顽强的抢修和采用稳妥可靠的钢索吊货、浮筏、浮船等办法渡运，始终保持桥断路不断，因此，滇缅公路也被誉为"炸不断的滇缅公路"。

滇越铁路1940年6月被阻断后，受害于英国的远东绥靖政策，7月18日，根据英日有关协定，滇缅公路被迫关闭三个月。10月18日，滇缅公路重新开通，其运输也进入了新的高潮。据统计，自1939年2月至1941年12月，由滇缅公路共运入外援物资221 567吨，占同期全国公路总货运量422 788吨的1/2强。[①]其中，1941年，通过滇缅公路运入的军用物资及其他各类物资的数量就达132 193吨。[②]此时，11个运输大队均配驶于滇缅公路上，后期，仅西南运输处辖车就达2001辆。该时期运输的物资主要是汽油，占运入物资的1/3，其他就是美国制造的汽车、医疗用品等；运出的物资主要有钨、锡、桐油等战略矿产和农副产品。1942年元旦至2月20日，在仰光告急的紧张情况下，滇缅公路在前后50天中抢运物资52 000吨，[③]其中绝大多数都是抗战急需的汽油、兵工器材、药品等战略物资。

在抗战后期，人们还在滇缅公路上修出了一条自祥云北上西康省西昌

---

① 中国第二历史档案馆. 中华民国档案资料汇编：第五辑第二编[M]. 南京：江苏古籍出版社，1997：121.
② 中国公路交通史编写委员会. 中国公路史：第一册[M]. 北京：人民交通出版社，1990：276.
③ 中国公路交通史编写委员会. 中国公路史：第一册[M]. 北京：人民交通出版社，1990：298.

的西祥公路。滇缅公路通车后，中国急需与滇缅公路内联的省际公路干道，使物资能迅速转运到陪都重庆及后方各省。那之前，重庆至昆明的主要通道只有川黔公路，那是一条经贵州入滇的窄小多弯、里程很长的公路，频繁的军运和商运让这条公路早已不堪重负。同时，西昌还是国民党政府自重庆撤退的备选地址。出于各方考虑，西祥公路建设被提上议事日程。1940年10月起，国民政府慷慨地拨给西祥公路每月500万法币的经费，用于勘测和修建。这条路线的修筑速度更为惊人，它穿越险峻的大山，全长547.8千米的公路，仅耗时5月，1904年12月开工，至1941年6月即告通车。全部经费也只用去6200万元。用钱少、施工时间短，中国的工程师和沿线民工们又一次创造了中国公路修筑史上的奇迹。

（民工修筑西祥公路。龚继成书中图）

1941年12月7日，太平洋战争爆发，日军迅速向南洋地区发动进攻，并从泰国南部侵入缅南，但此时还有近8万吨各类物资存放在缅甸境内，西南运输处急忙调集大批车辆进行抢运。同时，根据中英美重庆军事会议决定，中国派出两个军入缅作战，所以此时的滇缅公路又担负起运送远征军的任务。入缅的中英印联军，由于缺乏配合，虽然做了些许抵抗，但无法抵御日军的凌厉攻势，缅北滇西很快落入敌手。

1942年5月5日，日军侵入云南，先头部队进至惠通桥西岸，企图越过怒江沿滇缅公路长驱直入。就在这千钧一发的时刻，我军人员发现日本间谍混入难民潮，意图夺取惠通桥，即刻通知惠通桥守桥工兵实施爆破。一声轰隆巨响，东岸桥塔顶部炸裂，桥面轰隆坠入涛涛怒江，被炸断的钢索散乱垂落。至此，滇缅公路被彻底切断，可日军也无法再进一步。此后，滇缅公路的国际运输中断时间长达两年零八个月。

二战中最伟大的工程奇迹

滇缅公路的彻底切断使得国民政府立刻丧失了 90%的军需品和工业必需品，彼时的中国几近窒息。其间，美军虽开辟了飞越珠穆朗玛峰的"驼峰航线"，但运输量远远不能满足国统区的军需民用，其存在更像是体现"盟国没有忘记中国"的心理安慰。重新打造一条通畅的陆上运输路线才是最实际的解决方案，这也是中美两国都迫切需要的。

就在日军入侵缅甸之际，1942 年 2 月，中英美三国曾就修筑中印公路达成一致。中国迅速投入力量开始了中印公路的勘测和修筑工作。然而，1942 年 4 月 29 日，由于英军的单方面撤退和中国远征军高层指挥失误，腊戍沦陷，远征军后路被切断，几番血战，美国的史迪威将军率少数残部逃回怒江以东，其余部队暂避至印度，后成为中印远征军的主力。远征军尚且如此，远赴异国筑路的 5000 名民工和技术人员更是死的死、逃的逃，中印公路的修筑被迫中断。

1942 年 7 月，史迪威将军提出反攻缅甸的作战方案，即"反攻加筑路计划"，指出打通印度、缅北与滇西的交通线是胜利的关键。美国陆军参谋长马歇尔也强调：反攻缅甸，打通滇缅公路，不仅是为了提高中国的士气，更重要的是，如果亚洲太平洋战场不处理好，也必将影响美国在欧洲的作战。于是，中印公路建设又一次被提上日程。1942 年 12 月 10 日，中印公路工程正式开始。中印公路始于雷多，至密支那后分为南北两线，南线经八莫、南坎至畹町与滇缅公路相连，北线越过伊洛瓦底江，经腾冲、龙陵与滇缅公路相连。从雷多至昆明，走北线全长 1568.3 公里，走南线全长 1731.7 公里。中间经过 13 座数千米的高峰，并有许多急弯，倾斜度达到 25%～30%。沿途的茫茫林海中，虎啸猿啼，毒虫蚂蟥遍地，疟蚊猖獗，当年远征军和难民在此撤退时饥病而死的累累骸骨散落其间。一些沼泽地带，更是通行艰难。同时，许多道路的修建都在交战区甚至是敌占区，日军的袭击让人不堪其扰。

中印公路雷多至密支那段即雷多公路的修建，先后投入施工的有美军 2 个工兵团和 1 个航空工程兵营、中国驻印军 2 个工兵团以及招募的印度、尼泊尔民工 7000 多人。1943 年 10 月，驻印军向缅北进军，筑路大军跟随反攻部队向前推进。1944 年 8 月，驻印军攻占密支那，雷多公路至此修通。就当时的条件而言，平均每天修筑 1.2 公里的进度是"史诗般的"，1943 年 2 月 28 日，雷多公路终于修筑到了印缅交界处、雷多公路最高点班哨关（海拔约 1370 米）。工程人员在那里立起一块路标，上书"欢迎来到缅甸，此路通向东京！"以勉励后续作战及筑路部队。

（民工抢修中印公路。龚继成书中图）

在此期间，1944 年 5 月，中国远征军向滇西腾龙地区反攻，9 月 14 日攻克腾冲，11 月 3 日攻克龙陵。为配合全面反攻缅甸的军事需要，滇缅公路工务局奉命抢修了被破坏的惠通桥至畹町、畹町至腊戍、木姐至八莫约 437 公里道路、涵洞、桥梁，并在美国派驻中国的薛德乐上校及 700 多名美国工兵支持下，开始修筑从密支那进入中国的中印公路保山至密支那段，即保密公路。

缅北丛林中的中印公路。朱正安摄于滇缅抗战纪念馆）

当 1945 年 1 月中国驻印军和远征军于芒友会师以后，中印缅连通，中印公路（又称到东京之路）也同时全线贯通，这意味着滇缅公路的国际运输功能再度恢复，日本封锁中国对外陆路交通、使中国屈服的"美梦"破灭了。1945年1月12日，首批113辆满载美国援华的汽油、重炮、野炮、平射炮、山炮、吉普车、救护车等重要战略物资的车队（史称"第一车队"）从雷多出发，1月28日到达畹町。中国政府在畹町举行盛大的欢迎仪式，美国陆军工程专家刘易斯·皮可少将作为中印公路的主持修建者，把首批通过中印公路运抵中国的物资清单递交给美国陆军供应部主任齐夫斯中将，再由齐夫斯转交云南省主席龙云，由龙云代表中国政府接受。通车典礼当天，蒋介石在重庆电台作广播演讲时，将中印公路命名为"史迪威公路"。

中印公路被称为"二战中最伟大的工程奇迹"。这是一项宏大的工程，为了建设这条路，工兵们挖走了1032万立方米的泥土。这些泥土足以垒成1米、宽3米高的从纽约到旧金山横贯美国大陆的"长城"。工兵们还从河底挖出了105.7万立方米的砾石来铺路面，如果把这些砾石装上火车车厢，这列火车足有687公里长。这条路跨越了10条大河和155条小河，共建造了700座大小桥梁。筑路工程的另一大项是排水管工程，平均每公里就要铺8根排水管，管线总长度是177公里。伐木工人还弄来2.3万立方米的木材修路。2360立方米的木材和2400个桩子用在了穿越沼泽地的堤道上。工兵们还在缅甸的伊洛瓦底江上修起了当时世界上最长的浮桥（约360米）。修筑这条公路的最后估算费用（劳力、物资、补给品、设备、燃料及维修）为1.5亿美元，大约相当于今天的22.5亿美元。而更高的代价是生命的牺牲。在整个中印公路的修建过程中，我方有8万名优秀儿女为开辟和保卫这条公路献出了宝贵的生命，美方15000名工兵中，有近2000名殉职。因此，滇缅公路也有"一英里一条命"的说法。①

自此以后，美国援华物资通过中印公路源源不断地输入中国。据统计，仅在1945年2月至8月间，就有368支车队通过中印公路向中国运送了约8万吨的战略物资。②

---

① 参考蒲元华.血肉筑成的生命线——记滇缅、中印公路及驼峰航线的开辟[J].文史精华，1998（12）：26-33.
② 蒲元华.血肉筑成的生命线——记滇缅、中印公路及驼峰航线的开辟[J].文史精华，1998（12）：26-33.

（中美筑路队在中缅国界处会合，左起向右为龚继成、薛德乐、李温平、沈来义。后排左一为普克领队。龚继成书中图）

（"第一车队"满载援华物资行驶在中印公路上。龚继成书中图）

一条公路的历史功绩

　　滇缅公路是抗日战争时期为了战局需要而新开辟的一条极端重要的国际交通线。它基本保证了国际军援物资源源不断地进入中国，支持了中国抵抗及牵制日本侵略军，对中国的抗战和世界反法西斯战争的胜利起到了积极作用，因此，它被誉为"抗战输血管"，是"二次世界大战远东交通大动脉"。

（滇缅公路。龚继成书中图）

第一，滇缅公路的开通使得日本封锁中国的企图宣告失败，击碎了日方封锁中国进而吞并中国的"美梦"，最终将日本拖入持久战的"泥潭"。在1937年七七事变后，日本帝国主义一方面抽调大批军队深入华北、华中地区，步步进逼中国腹地，另一方面针对国民政府工业基础薄弱，军事战略物质大部分依靠外援的弱点，开展了封锁中国各条运输通道的计划。中国也深知中日国力的巨大差距使自己无法迅速战胜日本，便制定了以"空间换时间"的长期抗战方针，准备以广袤的土地和漫长的战线逐步消耗日本的实力。在双方针锋相对之时，滇缅公路的抢通让当时还未控制安达曼海和孟加拉湾的日本鞭长莫及。此举直接破解了日本完全封锁中国的战略，让日本不得不花费更大的代价投入中国战场，甚至是深入东南亚以及太平洋的战争泥潭。

第二，滇缅公路的开通使得源源不断的军援物资进入中国，增强了中国抗日的物质力量，为与日本进行持久抗争打下物质基础，并坚定了中国人民抗战必胜的信心。1938年11月，英国货轮"斯坦霍尔"号满载6000吨苏联首批援华物资，通过大西洋、印度洋运抵缅甸仰光港卸货，转运至中缅边境的八莫，然后沿着刚刚通车的滇缅公路运至昆明。据统计，在1939年的11个月中，有4400辆汽车通过滇缅公路向中国运进武器和其他军用物资共计27980吨，平均每月运进中国2000多吨。运入的物资主要有机枪、炮弹、汽车、无线电收发报机、汽油以及药品、铁路器材、汽车配件等。1941年1年间，有7852辆军、公、商用汽车日夜兼程通过滇缅公路向中国运入军用物资及其他各类物资达132 193吨，通过保山的汽车每日多达800辆。1942年1月，日军从泰国侵入缅甸南部，国民政府急调大批车辆，通过滇缅公路抢运存放于缅甸境内的80 000吨各类物资。据统计，在1939年至1941年的3年间，经滇缅公路从腊戍至昆明运输的各种物资共计369 200吨，平均月运输10 000多吨，在畹町桥口岸每分钟就有1辆车子出入。①

第三，滇缅公路的开通为我国收复失地，并深入缅甸、印度等地作战起到巨大作用。抗日将士通过这条通道被运往滇西前线，不论是坚守怒江东岸还是积极参与反攻战役，滇缅公路的"断"与"通"都对滇西抗战的最后胜利产生着巨大影响。1942年，根据中美英三国重庆军事会议的决定，100 000名中国远征军通过滇缅公路入缅作战，"军运全用卡车，每车载二十五至三十人，马则四匹，日常需车甚多。车队蜿蜒进行，长达数里，烟尘相接，蔚为壮观"②。这支部队联合美军，在滇缅反攻战役中浴血奋战，沉重打击了日军的精锐师团，奠定了日军在东南亚的败局。同时，1939年原在杭州的笕桥中央飞机制造厂迁入瑞丽雷允，1941年畹町至雷允59公里公路赶修好后，该飞机制造厂依靠从缅甸运入的物资生产了战斗机97架、教练机8架、巡逻机4架、运输机3架，还为"飞虎队"维修战斗机数十架③，提高了中国空军的对日作战能力。

第四，滇缅公路的开通对云南交通体系的形成和开放发展有着积极作用。对内，随着若干条省际干道的开通，云南特别是滇西地区与内地的交流大大加强，内地的许多工厂、学校也前往云南。对外，通过滇缅公路，云南形成了铁路、公路、水上交通三位一体的交通体系，密切了与缅甸及其他东南亚国家的关系：仰光是连接海外的转口枢纽；铁路最北边的终点

---

① 杨立鑫.论滇缅公路的伟大功绩——纪念抗日战争胜利60周年[J].保山师专学报，2005（8）：30-33.
② 杨立鑫.论滇缅公路的伟大功绩——纪念抗日战争胜利60周年[J].保山师专学报，2005（8）：30-33.
③ 杨立鑫.论滇缅公路的伟大功绩——纪念抗日战争胜利60周年[J].保山师专学报，2005（8）：30-33.

是密支那，另一终点是腊戍；腊戍与滇缅公路相接；水路交通以伊洛瓦底江为唯一通道，可由仰光，经曼德勒、八莫，到达密支那，然后进入云南。目前，滇缅公路作为国道320线的末端，经过长期改造、改线、扩建，已全线升级为高等级公路，成为云南省通向东南亚、南亚的重要通道。

第五，滇缅公路的开通为云南的开放发展和经济社会进步做出了贡献。以汽车运输业为例，"昆明之汽车运输业，在滇缅公路畅通时候，营业公司多至七百余家，行驶车辆在万辆以上"。随之汽车轮胎制造、与汽车运输业相关的小五金机械、汽车修理应运而生。以保山为例，滇缅公路通后，各地工匠、艺人大量涌入保山，各类纺织、制造、修理加工机械及其技术纷纷被引进，工厂、商号、铺店、作坊林立，出现了保山工商业的空前繁荣。据解放前夕统计，当时保山县城乡共有手工业经营者760户，涉及13大行业，从业人员1529人，有资金15.72亿元（币），年营业额46.55亿元（币）。抗战时期，滇缅公路虽以军运为主，同时也是一条通商贸易通道。其时，国内巨商大贾云集云南，昆明成为商品集散中心，保山成为转运要地。上海、云南及缅甸、印度商人的车队，不断输入棉花、棉纱、布匹、染料、西药、百货、石油、五金器材、玉石等商品，而中国的矿产品、农副产品、手工产品，如锡、钨、桐油、皮革、生丝、猪鬃、绸缎等通过滇缅公路运到缅甸仰光，销往印度、美国和英国及东南亚国家。以棉花为例，1937年至1938年，进入云南的缅棉只有18吨，而滇缅公路通车后，1939年至1940年就猛增到3580吨，云南的棉纺业因此得到了迅猛的发展。[①]就连中缅边境畹町，一个荒凉的村落也逐渐形成了市镇，旅店、车辆维修站、商行、邮局、打气站、加油站、换轮胎点、货物转运站、货物卸装点，沿着滇缅公路如雨后春笋般纷纷涌现。二战后，中缅印之间的民间贸易也在这条滇缅大通道上持续开展着，促进了云南的经济发展。

第六，滇缅公路的开通促进了民族团结和民族发展。在滇缅公路赶修和维护期间，十余个民族的人们为着同一个目标而共同奋斗着，对祖国产生了巨大的向心力。同时，随着公路的延伸，这些在与世隔绝的环境里生

---

① 杨立鑫.论滇缅公路的伟大功绩——纪念抗日战争胜利60周年[J].保山师专学报，2005（8）：30-33.

活了几个世纪的滇西少数民族人民开始与外边的世界有了联系，比如芒市那些质朴的边民也学会了经营和贸易，学会了利用公路和运输工具将自己的土特产推向更远的地方，换回缅甸和内地制造的各种生活必需品。同时，沿线各民族人民的思想也变得更加进步了。

第七，滇缅公路为今天"一带一路"倡议的实施打下了良好基础。"一带一路"即"丝绸之路经济带"和"21世纪海上丝绸之路"的简称，是2013年习近平主席出访哈萨克斯坦和印度尼西亚时分别提出的战略构想。这是我国新时期提升对外开放水平的伟大战略构想，是党中央统揽政治、经济、文化、外交和社会发展全局，着眼于实现中华民族伟大复兴"中国梦"而做出的重大战略决策。云南在落实"丝绸之路经济带"和"21世纪海上丝绸之路"倡议时有着特殊的地理优势。滇缅公路以及中印公路则自抗战胜利至今，在我国与周边国家政策沟通、道路连通、贸易畅通、货币流通、民心相通"五通"方面做出了巨大贡献。当前，重新打通中缅印通道，升级滇缅公路、中印公路已经成为中缅印三国的共识，三方必将在"一带一路"倡议大框架下获得更大的发展。

滇缅公路上的交大印迹

　　滇缅公路，由滇西各族人民用血肉筑成，同时也凝聚着一群中国工程师的智慧。当时，因路而生、因路而兴、因路而强的西南交通大学前身——交通大学唐山工程学院的百余位校友，都凭借着满腔爱国热情，不顾个人安危，为滇缅公路及后来的中印公路保密段的建设、修复殚精竭虑、付出良多。坐落在云南腾冲的滇西抗战纪念馆里，有关滇缅公路修建的实物和照片真实地反映了当时修建这条公路的情况，从这些资料中不难发现西南交大人对中华民族所做出的历史性贡献。

　　1931年9月18日，九一八事变爆发，日本帝国主义对中国开始了蚕食鲸吞，到1937年7月7日，卢沟桥事变爆发，中国走到了生死存亡的边际。由于日寇的入侵，交通大学唐山工程学院（今西南交通大学）不得不从唐山转辗千里到贵州平越（今福泉）继续办学，承担起教育救国的重任，培育了大批英才，其中不乏主动投笔从戎的热血青年。一大批交通大学唐山工程学院（国立交通大学贵州分校唐山工程学院）学子奔赴滇西抗战最前线，其中一部分与唐山交大毕业的校友一起承担起修建滇缅公路、中印公路的工程技术任务，其人数为全国高校之最。由于资料发掘相当困难，我们没能把他们每个人的事迹都写出来，但他们的名字是当今我们每个人都不能忘却的，他们是：赵祖康、龚继成、郭锺富、李温平、黎杰材、周乐颐、李时清、李家驹、陈大镁、朱颖卓、程鹏远、李康年、程绍麟、胡安恪、王志义、郭可谞、林宝华、刘邦闻、李先芬、丁延祝、周赞邦、嵇储彬、鞠尊如、殷之澜、路湛渊、赵缃、刘克远、毕正邦、张恒仁、谢爱群、彭福久、陈惠英、陈莘、肖词宗、唐维纶、何谔、郑大坤、郑兆毅、许达明、陈尧卿、王季仪、梁应桃、张国光、汪锡民、倪志锵、路湛沁、刘汇海、李纾丰、熊畅华、黎贤达、张廷锵、葛启铨、毛祖坤。①（附表：参加滇缅公路及中印公路建设的我校部分校友名单）……当然，还有许许多多的校友，包括交通大学上海本部（现上海交通大学）及交通大学北平铁道管理学院（现北京交通大学）没有在这个浩大的工程中留下名字的交大人，他们共同为了抗战的胜利做出了不可磨灭的贡献，他们的功绩也将永载史册。

附表：我校参加滇缅公路及中印公路建设的部分校友名单

姓名	毕业时间	工作单位、职务	备注
赵祖康	1922届	交通部公路总管理处处长	1946年获美国政府颁发的"自由勋章"
龚继成	1923届	滇缅公路工务局局长兼总工程师 中印公路工程处处长 中印油管工程处处长	1945年被追授"中国工程师荣誉奖章"
郭锺富	1923届	滇缅公路工务局副局长	
李温平	1935届	滇缅公路抢修总队副总队长兼副总工程师，保密公路第一工程处副处长	1945年获国民政府颁发的"抗日胜利勋章" 1946年获美国政府颁发的"自由勋章"
黎杰材	1925届	保密公路第二工程处副总工程师兼处长	1945年获国民政府颁发的"抗日胜利勋章"
周乐颐	1933届	保密公路第一工程处副处长	
李时清	1933届	保密公路第一工程处副处长	
李家驹	1933届	保密公路第一工程处副处长兼第一测量队队长	
陈大镁	1931届	总段长	
朱颖卓	1933届	总段长	女，我国第一位女工程师，陈大瑛夫人

---

① 参考刘汇海，毛祖坤. 中印公路抢修记[EB/OL].（2009-05-09）[2017-4-18]. http://tangyuanchunqiu.blog.163.com/blog/static/10239233520094810101 8832/.

续表

姓名	毕业时间	工作单位、职务	备注
程鹏远	1934届	总段长	
李康年	1934届	总段长	
程绍麟	1934届	总段长	
胡安恪	1934届	总段长	
王志义	1934届	总段长	
郭可谘	1937届	分段长	
林宝华	1937届	分段长	女，郭可谘夫人
刘邦闻	1937届	分段长	
李先芬	1938届	分段长	
丁延祝	1939届	分段长	
周赞邦	1911届	下关总局技正兼工务科长	
嵇储彬	1937届	桥工处设计股股长	
鞠尊如	1935届	第四工程段段长	
殷之澜	1933届	工程师	
路湛渊	1940届	工程师	
赵缅	1940届	工程师	
刘克远	1941届	工程师	
毕正邦	1941届	工程师	
张恒仁	1941届	工程师	
谢爱群	1941届	工程师	
彭福久	1944届	局机关	
陈惠英	1944届	局机关	
陈莘	1944届	局机关	
肖词宗	1944届	局机关	
唐维纶	1944届	保密公路第二工程处	
何谔	1944届	保密公路第二工程处	
郑大坤	1944届	保密公路第一工程处	

续表

姓名	毕业时间	工作单位、职务	备注
郑兆毅	1944届	保密公路第一工程处	
许达明	1944届	保密公路第一工程处	
陈尧卿	1944届	保密公路第一工程处	
王季仪	1944届	保密公路第一工程处	
梁应桄	1944届	保密公路第一工程处	
张国光	1944届	保密公路第一工程处	
汪锡民	1944届	保密公路第一工程处	
倪志锵	1944届	保密公路第一工程处	
路湛沁	1944届	保密公路第一工程处	
刘汇海	1944届	保密公路第一工程处	
李纡丰	1944届	保密公路第一工程处	
熊畅华	1944届	下关第三工程处	
黎贤达	1944届	永平第四工程总段	
张廷锵	1944届	第四总段所辖12、13、14分段	
葛启铨	1944届	第四总段所辖12、13、14分段	
毛祖坤	1944届	第四总段所辖12、13、14分段	

注：22位1944届学子毕业后，集体自贵州平越（今福泉）奔赴云南昆明，受聘于滇缅公路工务局各工程处任实习生、工务员达两年之久。

赵祖康："久愿风尘殉祖国，宁甘药饵送余生"

1931年九一八事变爆发，日本的狼子野心逐渐暴露。当时在美国康奈尔大学学习道路工程的赵祖康开始筹谋着尽快返回祖国。

赵祖康于1900年在今上海市松江区出生。1918年考入上海南洋大学。五四运动后，他认为救国必须有真才实学，以"读书不忘救国，救国不废读书"作为座右铭。1921年转入交通大学唐山学校攻读土木工程,将"致力工程,为民服务"作为终生奋斗的目标。1922年,他以第一名的成绩获学士学位。毕业后曾在武汉、梧州、蚌埠等地工作。1930年由国民政府铁道部选派至美国康奈尔大学学习。1932年,赵祖康学成回国,进入全国经济委员会筹备处,担任道路股股长。

(1950年代的赵祖康)

当时的中国公路总长度不过2万余公里,且各省各自为政,互不联系;工程技术缺乏标准;有路面者不多,以致晴通雨阻;桥梁多为木质临时式的,大江大河多用人工摆渡;经费无固定来源,管理缺少规章制度;汽车无统一的牌照,不能过境行驶,技术水平较低,也无培训组织。如赵祖康曾写的豪迈诗句"开边须筑路,救国仗书生",目睹中国公路的落后情况和与世界先进水平的差距,考虑到中日之间的大战将随时爆发,赵祖康立志有所作为。他后期的工作机构虽多次变更,但始终坚持着自己的救国梦。

为了改变各自为政的局面,赵祖康承担起主持省际联络公路的筹建和督修重任。在他的主持下,联络公路由3省到7省,扩大到10省;制定了筑路经费的补助办法;成立了督察区,监督工程用款、工程质量和进度;颁发了统一的工程技术标准;提倡就地取材修筑路面;逐步改善桥渡;统一汽车牌照,建立全国各省市交通互通和公路监理制度;进行交通安全宣传等。赵祖康在主管公路时期，十分重视公路交通人才的培训，成立了各种培训班，选派工程师出国进修实习。他尊重科学，引进先进技术，主张理论联系实际，"筑路带动试验，试验促进施工"，说到做到。到1936年，全国公路总里程达到十万公里，初步形成了全国互通的公路网，公路交通人才的培训也不断加强，这都与赵祖康的辛勤努力分不开。

1937年七七事变爆发后，滇缅公路的修建越来越紧迫，蒋介石给这条"抗日运输线"定下的修筑期限是一年。一年修通滇缅公路，这对于年平均公路修筑进度才90公里的云南来说，简直是个要命的期限。然而，决定滇缅公路成败的关键还不仅仅是期限问题，至关重要的是选择线路。可线路到底怎么选？腾永线还是顺镇线？人们为此争论不休。腾永线是由下关经漾濞、永平、保山、腾冲、古永，最后到缅甸的密支那或八莫。顺镇线的具体线路是：由祥云向南经弥渡、蒙化（今巍山）、顺令（今凤庆）、镇康到达缅甸的滚弄，再通腊戍。其实，最后摆到省政府主席龙云面前的不止两个方案，而是三个方案。第三条线路是：由下关至保山经龙陵、芒市出畹町，连接腊戍铁路。

赵祖康对公路定线的研究颇为深入，有着高超的见解。他认为定线有三个主要控制因素，即交通量、地形、造价，因为这三个词的英文都含有"T"字母（Traffic，Topograph，Cost），所以简称为"3T"因素；四个定线目标即：速度、安全、经济、景观，因为四个字的英文名称（Speed，Safety，Saving，Scenic），都以"S"字母为首，故又称为"4S"目标；五个定线要目即：距离、坡度、线形、宽度、排水；五个山岭线即：越岭线、山腹线、山脚线、山谷线、岭脊线；还有两个主要定线方法，即：纸上定线、实地定线。他的见解考虑周详，提要钩玄，对公路定线很有指导意义。因此，当出现线路之争时，时任交通部公路总管理处处长的赵祖康亲自带队踏勘了各条线路方案。

赵祖康带领一支从全国各地公路勘察设计单位紧急抽调来的精干小分队，肩挑背驮着仪器和给养，踏上征程。对于筑路工程中所有可能遇到的咽喉节点和天险关段，包括下关天生桥（419.3公里处）、秧鸡窝（488～490公里处）、功果桥两岸大栗树与狗吊岩（570～577公里处）、惠通桥东侧（748～758公里处）、惠通桥西侧（759～765公里处）、南天门（842～863

公里处)、黑山门(950~952公里处)等处的悬崖绝壁,他们都无一遗漏。赵祖康当时已37岁,与年轻人的体力相比大大不如,但有好几处关键的险峻之处,他一定要亲自登到最近处实地察看。在集中全队智慧,反复比较研讨后,赵祖康最终拍板,建议确定滇缅公路由昆明经下关、保山、龙陵、芒市、畹町出国,然后在缅甸的腊成与缅甸的中央铁路接通,直通仰光。最终,"云南王"龙云与国民政府交通部要员商议,并根据赵祖康的踏勘结果,确定了滇缅公路的修筑线路。招募工程技术人员、民工和分段筑路的各项工作火速铺开。

(测量队的骡队驮着物资、仪器在山野间行走。龚继成书中图)

滇缅公路于1937年12月正式动工,赵祖康主持修建工作。他带领抗战初期具备最优良装备和最先进技术的陆军独立工兵团一部,以及拥有当时最高级筑路工程技术水准和施工技术力量的交通部直属施工队伍,紧急前往云南,负责咽喉部位及重要路桥的关键工程。他自己还多次飞抵云南与云南省政府主席龙云协调事务。身处抗战后方的云南各族人民,也实施总动员,以血肉之躯紧急抢修千里滇缅路。1938年8月31日,曾为世界上许多工程专家预言需3年时间才能完成的昆明至畹町全长959.4公里的滇缅公路国内段全线建成。1938年11月,滇缅公路国外段也最终完工,总体工程提前两月完成。赵祖康前往视察,道路通畅,车轮滚滚前行,他却热泪盈眶，既是激动，也是难过。他深知筑路之艰难，许多工人在施工时受伤死亡，自己的部下、工程师钱昌淦为抢修澜沧江大桥，遭日军飞机扫射身亡。①千里滇缅路的主旋律绝不是死亡，不屈的灵魂在这里歌唱着救国于危亡。

抗战爆发后，赵祖康除了主持修建滇缅公路，还主持抢修了多条军用公路，并负责修建了西兰公路（从西安至兰州）、西汉公路（从西安至汉中）和乐西公路（乐山至西昌）。他还参与了中印公路等国际通道的建设工作。为了督导施工，他不遗余力，在乐西公路建成后，他积劳成疾，一度病危，还留下了"久愿风尘殉祖国，宁甘药饵送余生"的诗句。1946 年，赵祖康因其在滇缅公路修筑过程中的卓越贡献，被美国政府授予"自由勋章"。

中华人民共和国成立后，赵祖康长期负责上海市市政建设领导工作，主持制定了上海市都市规划，提出了发展蓝图。他重视科学，尊重人才，培育了很多科技骨干，为新中国的公路和市政建设做出了卓越贡献。赵祖康为我国现代公路事业的发展奠定了基础，由于他在公路交通方面的杰出贡献，人们将他与詹天佑（铁路）、茅以升（桥梁）并称为"中国交通工程三杰"。

龚继成：为抗日救国打造"输血线"②

在滇西抗战中，滇缅公路、中印公路、中印油管、驼峰航线机场……每一个通道都是祖国生死存亡关头的"输血线"。一个工程技术人员能参与其中一项就十分光荣了，而能负责其中一项更是了不起，可有人却同时肩负起了多项重任，也完美地完成了这些工程的修建，他就是龚继成！

龚继成，字骏声，1900 年 7 月 8 日在江苏省海门县长乐镇的一个农民家庭出生，国字脸上一双浓眉衬托出他坚毅顽强的性格。若不是繁重的工

---

① 参考金旼旼,肖春飞.赵祖康：抗战中的筑路人[EB/OL].(2005-09-03)[2017-04-10]. http://www.sh.xinhuanet.com/2005-09/03/content_5369822.htm.

② 参考龚启英.龚继成——滇缅交通史上的民族英雄[M].北京：人民交通出版社，2012.

作和严重的高血压病,谁能想到这样一个体格健壮的汉子会在 45 岁时仓促离世。乱世危局成就了龚继成,龚继成也以报国建功立业之心,贡献出了全部的才智,乃至生命,创造出卓越的业绩。

1919 年,龚继成考入唐山工业专门学校,他的学号是 891 号。1923 年,毕业后的龚继成被分配至津浦铁路北段工作,后辗转于多个铁路建筑工程项目。1933 年至 1935 年,他随瑞典地质学家斯文·赫定前往蒙古、新疆勘察天山南北铁路公路线。至 1937 年,他在选线筑路方面已颇具声望。1938 年初,龚继成被召去云南参与滇缅铁路的修建工程。

(龚继成)

滇缅铁路 4 年的修建历程极为坎坷,时断时续,且随着中国远征军的大败退,最终不得不将其破坏、废弃。就在滇缅铁路修建的停顿期,1940 年,滇缅铁路工程局局长兼总工程师杜镇远(唐山工业专门学校 1914 届学生)接到了修建西祥公路(从云南祥云北达西康西昌)的任务,他当即带着滇缅铁路局副局长张海平、王节尧,以及副总工程师龚继成转去赶修公路。龚继成任金沙江以北的 5 个总段副总工程师兼西祥公路工程处西昌办事处主任。龚继成等人在勘测施工现场,和工人一样被风雨烈日吹晒得皮肤黝黑,褪了一层又一层皮。他们仅用 6 个月时间,主要靠人力及仅有的 4 台压路机,完成了路线险峻崎岖的西祥公路建设。当时,龚继成苦干、硬干、快干的作风被大家所称赞,成为赶工的名家,昆明流传过一句话:龚继成造路,从动土到通车,一天平均两公里。西祥公路的修筑正是案例所指,龚继成也因此受到国民政府交通部通电表扬。

1942 年,龚继成又用 63 天造好了呈贡军用机场两公里长的跑道及 12 座飞机库。1943 年春,由于高超的选线、修桥、筑路才能,他出色地完成了多项紧急工程,在中国工程界声望极高,同时手下又有一批得力的工程技术骨干和能打硬仗的施工队伍（转自彻底停工的滇缅铁路），龚继成升任滇缅公路工务局局长兼总工程师，兼任中印公路工程处处长、中印油管工程处处长等要职，开启了他辉煌而传奇的一生。

（龚继成任滇缅铁路工务第二总段总段长。龚继成书中图）

我们做工程的应该和打仗一样

"我手下有上千个工程师"，这是一向谦逊和易的龚继成少有的豪语。得知他任要职的消息后，当时西南后方不少社会上的工程技术人员以及唐山工程学院土木系的学子主动找上门来，表示愿意在滇西为抗战出力。龚继成对他们的到来都表示欢迎，但也推心置腹地提醒他们，这些都是紧急军事工程任务，工期紧迫，工作生活条件艰苦，且有生命危险。后来多数人都坚持留了下来，龚继成也按照他们的特长给予安排。一群工程技术人员聚集了起来，只为一个共同的目标：筑路，反攻！

1941年12月太平洋战争爆发后，日军迅速推进，中国远征军作战失利，缅北滇西很快落入敌手。1942年5月5日，日军侵入云南，先头部队进至惠通桥西岸，企图越过怒江沿滇缅公路长驱直入。我军当机立断，炸断惠通桥，死守怒江。滇缅公路被彻底切断，尤其是惠通桥至畹町路段受损严重，前期的修复及增加运量的努力被毁去七八。筑路人员的心无不泣血。

在就任滇缅公路工务局局长后，龚继成的首要任务是筹备滇缅公路的修复工作，如他所言："回首前程，益增快复之念，此次奉令准备复路，本局员工无不雀跃以望之也。"①滇缅公路西段地势复杂，桥涵险坡很多，修桥复路的任务很繁重，特别是要尽早抢修惠通桥以保障前线作战部队的后勤支援。龚继成首先在保山成立了抢修总队，抢修总队下设三个抢修分队：惠畹抢修队负责抢通惠通桥至畹町长 200 公里的地段，畹腊抢修队负责抢修畹町至缅甸腊戌长 187 公里的地段，畹八抢修队负责缅甸境内木姐至八莫长 150 公里的地段。各抢修队的任务是事先熟悉该段桥涵的技术资料，准备好抢修物资，配合远征军进攻，随部队抢修公路桥涵，保持前后方军事行动和物资供应畅通无阻。他还同时派出测量队，对保山至惠通桥路段的破坏情况进行实测，该路段是我方为预防日军一旦渡过怒江沿滇缅公路东进而破坏的，而且破坏得很彻底。

1944 年，中、印、英、美军计划开始在缅甸全面反攻。中美双方签订怒江战役协议，约定联合抢修滇缅公路。反攻前，龚继成被任命为国内远

---

① 龚继成，安钟瑞.抗战期中之滇缅公路工程与管理[J].公路月报，1944（4）：7-12.

征军工兵指挥部副指挥长，使远征军能在统一指挥下按时完成反攻筑路任务。

保山至惠通桥路段的抢修于1944年夏季正式开始。龚继成组织工程技术人员和保山市召集的数千民工突击抢修。抢修工作中最为关键之处是惠通桥，为开展好这项任务，龚继成与李温平等工程师会同美国驻盟军司令部供应局副局长柯烈思、参谋陶荪上校在反攻前去惠通桥视察。为避开日军炮火，他们潜行至惠通桥不远处用望远镜对该桥进行观测。桥东侧的一个桥塔上部破损严重，原桥的钢索和梁架桥面已荡然无存。西岸的桥塔保持了原状，不远处有日军部队的防御工事。中美双方经研究后确定修复该桥的两步走计划：首先抢建便桥，运送大批作战部队过江并将正式修复该桥的材料运送至西岸，之后便开始该桥的正式修复。所需钢索和横梁钢材由美方提供，桥塔的修复和桥面的铺设所需材料由中方筹备。

（1944年5月，中美公路技术专家龚继成（左一）、黄京群（左二）、李温平（中）、美军上校陶荪（右一）在怒江桥头研究反攻复路。龚继成书中图）

1944年5月中旬，中国军队开始滇西大反攻。远征军第二十集团军的一个团在怒江上游多处实行强渡，在东岸我军炮火的掩护下登陆西岸，并直捣惠通桥西岸日军据点，随后在我军炮火压制下，收复了西岸桥头阵地。惠通桥西岸被打败的日军退入山中，于此，便桥搭建工作立即开始，两天之内，便桥通车，远征军大部队自此开赴西岸，对松山日军形成包围，松山战役打响。

（1944年6月，惠通桥便桥恢复通车，第八军主力开赴松山前线。龚继成书中图）

便桥建成后，抢修队马不停蹄地按计划从保山将修桥材料陆续运至桥的两端，并开始对东岸的桥塔受损顶部浇筑混凝土进行修复。8月1日，惠通桥重建工程正式展开。龚继成亲临桥头指挥施工，将指挥所架设在桥头附近。抢修工作一直受到日军的炮火威胁，施工人员的营帐均毁于炮火，死伤十余人，但抢修仍日夜不辍。龚继成和技术骨干们也不断地研究解决施工中遇到的问题，其间，龚继成有五天五夜几乎没有合眼睡过一个好觉。经过18个昼夜的紧张施工，惠通桥于8月18日提前竣工。美国联络员竖起大拇指叫好，盛赞进度之神速。经过挠度测量和试运行后，惠通桥正式投入运行。武器装备、粮食源源不断地经惠通桥运往前线，大大增强了远征军的战斗力。

（惠通桥通车后，龚继成（右四）等中美工程技术人员合影留念。龚继成书中图）

松山战役、腾冲战役、龙陵战役经过将士们艰苦卓绝的浴血奋战，相继胜利结束，部队继续沿着滇缅公路向芒市、遮放、畹町等地进攻。滇缅公路抢修队与作战部队形影不离，迅速修复了惠通桥至龙陵间被日军破坏的多处地段。"麦克阿瑟将军谓，现代作战系工程司作战，洵非虚语"，龚继成说："我们做工程的应该和打仗一样，我们必须争取时间，和打仗要争取时间是一样的。我们不仅追随部队，有时还要走到部队的前面，在这条逐步胜利的路上，每日攻一个地方，我们都能在24小时之内把那段公路抢修完成，使供应品能够继续不断地上去。"

11月20日，我军攻克芒市。12月3日，我军占领三台山上的日军据点，8日，抢修队修好三台山一线滇缅公路上大小桥梁10座。当修复通车的滇缅公路延伸至黑山门前沿时，遭遇到日军的负隅顽抗，可我军英勇作战，突破黑山门防线，攻克、收复畹町，至此，日军被逐出国门。抢修队随部队进入缅甸集中力量抢修曾被日军彻底破坏的通往八莫的界河桥，这为中国驻印军和远征军在缅北芒友会师创造了条件。

1945年3月，中国驻印军和远征军合力将腊戍自日军手中夺回。随着中印公路的通车和腊戍的收复，"伤痕累累，体无完肤"的滇缅公路自此复活。

44个日夜造就伟大的奇迹

1943年，在反攻筑路计划开始实施以后，作为中印公路工程处处长，龚继成除了修复滇缅公路，也积极筹划着中印公路的修筑工程。中印公路由中、美双方对向修筑。美方主要负责雷多公路，即印度雷多至缅甸密支那段的修筑。中方负责保山至缅甸密支那段即保密公路的铺设。早在1942年12月10日，雷多公路就正式破土动工，至1944年9月下旬，历时近两年，434.4公里的雷多公路终告通车。

1943年，就保密公路的选线，美国工兵战时司令薛德乐上校和他的助手几次来华与龚继成等开会研讨。中印公路中国段有两个走向，一是从保山城西南滇缅公路K960公里处的大官市为起点，过惠人桥和龙文桥，越过高黎贡山到达腾冲，从中缅边境的猴桥出境至密支那，称作正线；二是从龙陵向西到达腾冲再至密支那，称为支线。经研究认为，从保山到腾冲的中印公路可以缩短长度，但工程量约为龙陵支线的 7 倍，工期会延长很久。为尽早抢通公路，工程师们决定支线和正线同时施工，并采取"先求其通、后求其备"的原则。

1943 年 7 月 10 日，龚继成在保山成立中印公路第一工程处，负责国内段的测量和修筑任务。1944 年夏天，薛德乐上校率领 700 多名美国工程技术官兵来到中缅边境，支援保密公路建设。

1944 年 5 月，滇西战役打响后，龚继成立刻组建以 1933 届的学弟李家驹为首的 7 人测量队，沿第二十集团军的行军路线渡过怒江、越过高黎贡山，到古永。测量队出发前，龚继成召集 7 位测量队成员开会，对他们说："你们即将奔赴前线进行勘测施工。现在松山、腾冲、龙陵我军和日军还在激战中，派你们现在去敌占区是为了加速中印公路的修筑，尽快把公路修通。公路早一天建成，我国就能早一天运进外援物资，就能早一天粉碎日军对我国的封锁阴谋。因此，无论在勘测或施工中都要体现一个'快'字，要争分夺秒地去工作。"测量队出发时，龚继成徒步送行了好几里路，就怕这一别便是永诀。

从 1944 年夏季开始，筑路的准备工作在夜以继日地进行着。美国空军的飞机不断地将筑路器材和物资运往祥云的云南驿机场。1944 年 8 月 5 日，中国驻印军在美军协同下，攻克密支那。龚继成随即将负责修筑密支那至中缅国界 37 号界桩之间全长 133 公里路段的第二工程处和三个测量队的人员用军机分批从昆明送到密支那。测量设计工作全面启动。1944 年 9 月，在缅甸洒鲁成立了中印公路第二工程处，负责国外段——中缅边境 37 号界桩至密支那段测量施工。

1944 年 11 月 13 日，龚继成接到军委会发来的电报："先集中人力和机械等一切力量对腾冲至密支那段的中印公路，星夜赶趱，务必设法于 1945 年 2 月底前,将该段打通。"龚继成当夜就乘吉普车赶往腾冲贯彻军委命令。1944 年 11 月中旬，保密公路正式开始施工。其实，自 7 月起，在当时政府尚未批下经费时，龚继成就借贷了许多经费先期投入建设。在当地游击队及老百姓的帮助下，在敌人力量不及之处，除了预先测量，甚至分段开始了道路的修筑，尤其腾冲附近的道路，在腾冲、密支那尚未克复之时，便已分段修筑完成。①

保密公路的修筑困难重重，要人没人，要物资没运输渠道，开始时连最低的生活水准都难达到，公路沿线的某些地段甚至还在日军控制之下，然而，困难、危险阻挡不住工程师和民工们为了胜利铺平道路的决心。当有3万民工被集合起来时，只能依靠空投粮食的办法解决肚皮问题。而工程部在不能靠飞机接济时，只能吃猴子肉、芭蕉根，工程师们的桌上，最好的也不过是盐水煮黄豆。"老百姓们太辛苦了，本来他们已是营养不足，在边境，那营养更不足了"，龚继成感叹道："有一晚下雨之后，我的破帐篷周围就死掉了20多人，他们真是最可怜的人。"在施工的长期接触中，龚继成对这些底层民众的感情十分深厚，因此，他努力为保持民工们的基本生活水准而不断奔走。

在施工中，原始森林中的凶猛动物不时地攻击这群打扰了它们生活的人们，大家只得学韩愈祭鳄鱼，由好事者假龚继成之名，写了"祭老虎文"，焚香设祭了一番。也许这样的诚意真的有效，据说此后龚继成的厨子在送饭之际遭遇了一只老虎，当即拔腿狂奔，然而老虎在尾随了一段时间后就离开了。不论这一故事有多虚幻，至少可以看到龚继成在当时人们心中崇高的威望。

到保密公路修筑的最后关头，不论工程师还是民工，大家都已经筋疲力尽，不堪重负，幸而薛德乐上校带来了500辆开山挖土机和一些其他的机械加入筑路，让蛮荒之中的三万五千余名员工得以喘上一口气，也让龚继成松了一口气。②

保密公路的南北两路终于在1945年1月19日打通，北线是保山经龙陵至密支那，南线是保山经畹町出国，经南坎、八莫至密支那。这一时间比军委会要求的2月底提前了40天。中美筑路人员在我国37号界碑胜利会师。中方在国界处搭了一座牌坊，用中英文写着"到东京之路（The Road to Tokyo）"。为纪念这一胜利时刻，龚继成和薛德乐等在此留下了难忘的合影。

---

① 参考龚继成，陈毓汉，路启蕃．工程伟迹[J]．唐山土木副刊，1946（9）：8-9．
② 龚继成：为纪念六六工程师节而辑[J]．工程界，1948（6）：35-36．

（中美筑路队会师中缅边境，龚继成（左）与薛德乐（右）在此握手。龚继成书中图）

　　道路虽修通了，但龚继成还不放心。当时，已五天五夜没有睡觉的龚继成仍旧没有休息，他坐吉普车一路视察，车过龙陵，见道路通畅，他才放心地闭上了眼。然而，到了一个转弯处，他被抛到车外。司机慌忙停车，下去扶起了他。幸而龚继成摔在了一个土堆上，没有伤及筋骨。他揉揉眼睛又爬上车，"我太疲倦了"，说完又睡着了。

　　当第一批军援物资自印度雷多经缅甸驶入中国境内时，人们欢呼雀跃，热泪涌流。1945年1月22日晚，首批军援物资抵达昆明。从此，由云南昆明经龙陵、缅甸密支那至印度雷多的供给线全线贯通，为中国抗日战争的最后胜利发挥了重要作用。

　　当时，缅甸政府因中印公路通车，特制了一面绣有"中缅"二字的绸旗赠予龚继成，以表赞扬。中外社会对龚继成亦是赞誉不断。对此，龚继成很冷静，他谦虚地说："我们的成功是靠着比较有组织，而且我手下的工程师都比我高明，没有他们我们不大容易成功。"同时，他也强调："没有美国军事工程人员和器材，尤其是没有我们人民成千成万的流血牺牲，我们是不能有这么伟大的成就的。"[1]

---

　　① 公诚. 皮可少将和龚继成：有关中印公路的几个故事[J]. 工程：武汉版, 1947(3): 248-254.

（昆明市民夹道欢迎援华车队。龚继成书中图）

以完成工作为第一使命

在中印公路保密段紧张修筑之时，龚继成还同时负责了中印油管工程，这是中国人首次接触这样的工程。那时的中国自己并不产油，而无论是军用飞机还是汽车等，都需要大量的汽油，滇缅公路的运输被切断后，中国缺油的情况更为严重。当时，龚继成毅然决然地接下了这一任务。面对如此陌生的领域，龚继成抱定了一个信念：以完成工作为第一使命。

中印油管全长约 3000 公里，是当时世界上最长的油管。其起自印度加尔各答，经缅甸至中国昆明，中国境内全长约 700 多公里。全线勘察及中国境内铺设由中方负责。1944 年 6 月，龚继成组织了油管工程处，又开始了"速成"之路。美方本要求每日进度达到 6 公里，然而我方基本以每天 15 ~ 20 公里的速度进行了铺设。1945 年 5 月，油管全线接通，6 月 7 日，正式输油，自此，每日输入的油量相当于 1 万辆 10 轮卡车的运载量。①这对于中国来说不啻为"久旱逢甘霖"，从根本上缓解了大后方的油荒。

从 1938 年龚继成来到滇缅铁路至 1945 年完成中印油管工程，龚继成创造了许许多多的奇迹，包括快速完成西祥公路建设、呈贡机场建设、滇

---

① 龚启英. 龚继成——滇缅交通史上的民族英雄[M]. 北京：人民交通出版社，2012.

缅公路抢修、中印公路抢通、中印油管铺设,尤其后三项还是齐头并进、接连完成。他的手中诞生了许许多多的第一,主持国内第一次大规模机械化筑路,开创中国第一次到国外筑路的历史,主持完工中国第一条输油管线,以及他最为得意的一个第一——主持研制中国国产的第一台经纬仪。

龚继成十分反感工程师坐在办公室里对着地图想当然、瞎指挥。他常说,自己的两条腿是"狗腿",很"贱",不用怜惜,因此,他终年不停地奔忙于各施工现场,以求完全掌握现场实际。这样一位苦干、实干、快干的工人型工程师,其成功自不必言。但如他所言,"技术人员不能脱离政治,不能忘记了时代,不能忽视了民众",也许这才是他能够铸造辉煌的原因。

1943年接任滇缅公路公务局局长等职以来,以国家存亡所系的"输血线"为名的一个又一个军令状沉甸甸地压在身上,龚继成就如同绚丽的烟花一般绽放,释放着自己的光与热。然而目睹日寇投降、祖国山河光复的那一刻,龚继成再也支撑不住了。1945年11月22日(农历十月十八日),住院治疗许久的龚继成还是因严重的高血压引发脑溢血,撒手离开人世。就在那时,他还疾呼"中国的建设不能再拖下去了",他还心心念念地想去大西北修筑铁路和输油管道,让新疆的石油直输内地。

为纪念其辉煌功勋,国民政府追授他当时中国工程师的最高荣誉——"中国工程师奖章",同时,将中印公路上横跨怒江的新惠人桥更名为"继成桥",那是中印公路上最长的一座桥,是解放前云南境内最长的钢索吊桥。

(继成桥。朱正安摄于腾冲县滇缅抗战纪念馆)

（惠人桥遗址。朱正安摄）

（怒江。朱正安摄）

时至今日，继成桥已经废弃，桥身荡然无存，仅余桥塔的残垣断壁爬满绿色的青苔，而怒江浪涛咆哮东去，传颂着龚继成和他的同事们建立的不朽功勋……

李温平：滇缅公路上的机械筑路和爆破专家[①]

1939年，正在工地组织施工的李温平突然接到美国密西根大学寄来的

---

① 参考段之栋．"工兵团的总工程师"李温平：对修筑中印公路作出卓越贡献[EB/OL]．（2015-08-16）[2017-04-12]．http://www.yn.xinhuanet.com/newscenter/2015/08/16/c_134521798．htm．

通知:"学校已于1939年2月24日正式授予你密西根大学运输工程博士学位。考虑到战争时期,你可以不必长途跋涉赴美参加毕业典礼。"李温平这时才得知,自己在国内撰写的博士论文已经通过了密西根大学的评定,自己已经有了一顶博士帽。可他却无法在美国安宁平和的校园里好好地穿着那身博士学位服留上一张影,因为,眼见祖国风雨飘摇,奉行"爱国至上"的他已经全身心地投入到交通救国的事业中,抢修铁路、公路,哪里需要就奔赴哪里。

(李温平)

1912年2月,李温平出生在福建惠安县城外靠海边一个半农半渔家庭。1934年,他从交通大学唐山工程学院毕业后,前往美国宾夕法尼亚大学留学深造,选修铁路经济专业,经名师指导和深入到一个铁路公司35000英里系统内,以观察员身份实习,学到了许多管理、工程方面的新知识,完成了学业。心忧祖国的他抓紧一切时间汲取先进的知识,在短短的一年多时间里便拿到了硕士学位。后又转赴密西根大学进修博士课程,待课程进修完毕,他向校方提出了回国参加建设的请求。校方看他救国心切,破例同意他回国续写论文。年纪轻轻的李温平就这样放弃了在美国安宁的学习环境,放弃了可预见的在美国的富足生活,赶回到灾难深重的祖国。[①]

---

① 参考黄建聪. 中国现代爆破工程学奠基人李温平[Z]. 北京:中国传记文学学会与历史学习杂志社,2012.

1936年年底，李温平回国前往湖南大学任教，并就近受聘担任湘黔铁路工程局设计科工程师，在该局设计科协助工作，边研究山区定线测量，边续写博士论文。在长沙遭日寇轰炸，新建铁路工程被迫停工后，李温平被调到四川先后参与了修建川滇、川中、乐西等公路的工作。

滇缅公路现代化的操盘手

滇缅公路于1938年12月通车，之后，随着其他国际通道的被迫关闭、战局日渐紧张，滇缅公路的地位越来越重要，运输也越来越繁忙。可由于滇缅公路的碎石路面坎坷不平，雨季时车辆不能通行，而且原有的承载量已无法适应当时抗战物资的运送任务，同时，日军的轰炸也让滇缅公路伤痕累累。滇缅公路急需"医治"，并需要加宽及铺设沥青路面，以提升运力。

1941年，中美两国政府决定全面修复滇缅公路，由美方供给修路机械和物资，中国负责施工。为与美方合作，需要英语熟练的工程人员。国民党军委会运输统制局奉令改建滇缅公路为双线及铺柏油路面，为此，该局局长急电重庆公路总处，指名调重庆公路管理处石工直属大队长的李温平博士到滇缅公路工作，任滇缅公路局保山、下关工程段段长兼美籍总工程师的助理。

李温平深深明白这个任务的艰巨性和危险性：头上有敌机轰炸，边疆地形复杂……可是国难当前，他二话没说就直奔云南，督率一万名多民工和技术人员紧张施工，带领大家改歪线、降陡坡、整路基，他甚至亲自手拎柏油桶步步前移，喷洒沥青路面，为民工做示范。1941年年底，李温平率队完成了畹町至龙陵的第一段沥青路面浇注任务，得到时任公路局局长谭伯英的嘉奖。该工程项目极具历史意义，因为这是我国第一段沥青路面铺设工程，是我国公路追赶国外公路发展步伐的关键一步。过去每天只能通过300辆汽车的土路，铺上沥青和拓宽路面后，一天可过2000辆，畹町至昆明的行程从一周多缩短为三四天，让奔忙于滇缅公路上的司机们畅快了许多。

1941年年底，日本发动太平洋战争，缅甸不久亦被日军占领。日本进攻缅甸的一个重要目的就是切断滇缅公路。为保住这条对外通道，中国派出十万远征军沿滇缅公路由畹町出国门，直奔缅北重镇腊戍。但是，由于指挥失误及兵力悬殊,仅半年就全线溃败,中国远征军遭日军包围,损失惨重,六万将士埋骨异国荒山。盟军史迪威将军率远征军残部逃往印度,该部队后称为中国驻印军。自此,日军用缴获的美国汽车运载着步兵,沿滇缅公路长驱直入,进入中国境内。1942年5月2日,日军地面部队大举进攻保山,并出动飞机狂轰滥炸。保山公路段办公机构及修配厂中弹着火。当李温平率领员工全力抢救筑路机械时,日军先头部队已逼近惠通桥。为阻断日寇长驱直入,中国军队被迫炸断筑路人员辛苦搭建的惠通桥,让日军"三个月内与广西日军会师昆明,继而直捣陪都重庆"的企图破灭,从此两军以怒江天险为界,对峙达一年半之久。

已基本修复的滇缅公路也在这次战斗中再次遭受严重破坏,不论是我方故意破坏路基以阻止日军迅速向前推进,还是日本空军的轰炸,滇缅公路就像是个旧伤刚愈又遭重创的可怜病人,此情此景,让筑路人员的心在流血。然而,希望总是在的!

1943年,滇西及缅北的反攻开始筹划,滇缅公路的修复抢通以及中印公路保山至密支那段的修筑是滇缅公路工务局的首要任务。此时,滇缅公路工务局在保山成立了抢修总队。李温平任副总队长兼副总工程师,负责培训筑路机械施工驾驶员和维修人员。他的精心培训大大提高了我方机械筑路的水平,为反攻筑路做好了准备。

1944年到来了,距炸毁惠通桥、滇缅公路被切断已有一年半的时间。此时,日本正在中国正面战场上进行侵华战争以来最大规模的进攻,企图一举击败中国。也就在此时,中、印、英、美军在缅甸的全面反攻开始。中美双方签订怒江战役协议,为便利军运,筑路工作要先行。双方约定联合抢修滇缅公路。

其间,在云南保山的工程指挥部,美方工程兵团薛德乐上校将其助手贝克中校和李温平叫去,要求两人各自回答:"从昆明至怒江边惠通桥七百五十公里公路,若全部改为双车道需开挖多少土料?"贝克中校和李温平分别把自己的估算数字写在手心里,再同时伸手摊在薛德乐面前。薛上校分别看后,当场对李温平说:"You are my chief Engineer(你是我的总工程师)!"李温平问:"为什么?"薛德乐说:"您二位,一个是美军中校,多年在公路上施工;一个是中国的公路工程师。你们的估算数字相差不到百分之二。我相信我的助手贝克中校,更相信你这个留学美国又在中国公路上工作多年的博士。今后要在中国公路上和你们共同合作,我更相信你的估算,所以说你是我们工兵团的总工程师!"通过这次与美军工兵实力派军官的比拼,美国军人透过李温平对中国工程人员的技术能力有了较深刻的认识,尤其对中国知识分子的爱国情怀十分钦佩。在李温平身上他们看到为了民族解放事业,中国知识分子在极端困难的情况下是怎样工作的。因为他们知道,李温平的数字是他几年来用两只脚测量得来的。

1944年夏季,配合反攻的抢修工作正式开始。保山至惠通桥路段曾由我方彻底破坏,此时必须先期开展修复工作。修复期间,对岸的日军不断炮轰东岸抢修队,但民工们并不害怕,他们中间有不少参加过先前的破路工作,已经能从炮弹飞来的声音判断炮弹的落点,从而在需要躲避时从容躲避。这群民工知道修路是为了大反攻,把日本侵略者赶出云南,士气极高,因此抢修工作进展很快。抢通惠通桥是整个抢修任务中的重中之重。日军在惠通桥西岸严防死守,李温平带着他的施工队伍,冒着日军的枪林弹雨开展修复,人员伤亡很大,可大家顶住了,在被要求30天内通车的情况下,仅用15天就完成了修复。

(中国筑路队在腾冲开展机械筑路。龚继成书中图)

随着反攻战线的向前推进,滇缅公路的修复也在向前推进,直至1945年3月,远征军将腊戍自日军手中夺回。"伤痕累累,体无完肤"的滇缅公路自此复活。

爆破专家的诞生

滇缅公路恢复运输也是因中印公路打通使然。中印公路的诞生还成就了李温平"爆破专家"的美名，正如李温平在其自传《从机械筑路到定向爆破——我所走过的路》里所说的："我没有想到从此我开始了具有意义的人生里程，那就是修复了滇缅公路后，我又被派与美军合作，修建中印公路。中印公路即后来被称为直捣东京的举世闻名的史迪威公路，它在迫使日军无条件投降的伟大历史事件中起到了巨大作用。"[①]

1940年和1942年，我国进行了两次开辟全新国际通道——中印公路的勘测。1940年选的线路是从西康的西昌修筑一条公路到印度萨地亚。政府派出以滇缅铁路工程局副局长袁梦鸿（交通部唐山大学毕业）为队长的勘察队，经过191天的艰苦跋涉、死里逃生，他们得出结论：以彼时的情况，这就是一条"死亡线"，修筑公路是不可能的。但是，这个勘察队寻找到了一个比萨地亚更合适的终点——雷多，该处有铁路、公路通往吉大港和加尔各答，又出产石油和煤。1942年，按运输统制局监察处处长、滇缅铁路督办曾养甫与滇缅铁路工程局局长杜镇远商议的路线：通过滇缅公路出境后，经缅甸南部的八莫、密支那、孟拱，通过胡冈谷地去往印度的雷多。又一队勘察队进行了线路勘测，并确认了该路线可行。然而随着战局的急转直下，远征军6万将士命丧缅甸，日军沿滇缅公路直扑怒江而来。中印公路的各工程处入缅员工6000多人历经艰辛绕小道回国，筑路物资丢失殆尽。两次尝试均告失败。

1943年底滇缅公路中断后，为稳定亚太战局，中美英协商反攻缅甸，指出打通中缅印国际交通线是反攻胜利的关键，但反攻的胜利又是重新打通这条国际交通线的前提。二者相辅相成，不可分割。1942年10月，中英美三方终于就反攻筑路计划基本取得一致。美军及中国驻印军工兵团率民工们修筑印度雷多至缅甸密支那的雷多公路。中方主要修筑云南保山经中缅国界37号界碑处出境至密支那的保密公路，又被称作中印公路的北线，

[①] 李温平. 从机械筑路到定向爆破——我所走过的路[J]. 西南（唐山）交通大学北京校友会校友通讯，16.

同时，还要打通保山至畹町出境再接通八莫至密支那的通道，此为中印公路的南线。

1942年年底，反攻计划正式启动，随之而来的便是12月10日雷多公路（中印公路雷多—密支那段）破土动工。1944年8月5日，中国驻印军在美军一部协同下，攻克密支那。9月下旬，434.4公里的雷多公路全线通车。

1943年7月10日，保密公路第一工程处在保山成立，下设7个工程测量队，负责国内段的测量和修筑任务，美国工兵司令部在该处派有联络员。时年30岁出头的李温平，在任滇缅公路抢修总队副总队长兼副总工程师的同时，又任第一工程处副处长，并负责国内段的机械化筑路事务。特别"麻烦"的是，李温平还承担了与美军工兵团的联络任务，包括工程进度、各艰险地段筑路机械安排，以及施工、募集民工与劳务分配、民工粮食空投等具体事宜，并协助美军将空运来的筑路机械进行组装、日常与美军的联络等等。但是李温平就不是怕"麻烦"的人，他用年轻的肩膀勇敢地承担起了这一切。

1944年11月中旬，保密公路正式开始施工。崇山峻岭中人迹罕至，密林里瘴气弥漫，李温平不辞辛劳、不畏艰险地指挥勘测工作，只为加快施工进度。开工之际正值冬季，施工人员在荒山野岭中搭起简易帐篷过夜，帐篷也不足以御寒时，他们只能燃起篝火取暖。作为主要负责人之一的李温平驾驶着吉普车逐日奔波于沿线刚开通的各段土路上，他随车带着行李，往往是哪里有问题就住在哪里。同时，民工们的粮食供应很成问题，汽车不能通行，骡马运输又满足不了每日所需，只能主要依靠飞机空投，李温平常常亲自坐着教练机指挥空投。为了指挥施工，李温平也不得不常常冒险乘机飞越喜马拉雅山脉。同时，日本空军还在中方施工过程中不断投掷炸弹毁路伤人，死神无数次与李温平擦肩而过。可在抗击日本侵略者的大义面前，李温平处之泰然，一心只想赶快抢通保密公路，助力反攻大计。

修筑保密公路期间，在美国的支持下，400多台筑路机械，如推土机、平地机、铲运机、挖掘机、开山机、钻孔机、装载机等，出现在中国人面前。在美国工兵上校薛德乐指挥下，美军工程兵操作各式筑路机械，紧密配合中国两万多筑路民工推进工程快速实施，如此大规模的机械施工在我国公路修筑史上实属首次。在此期间，李温平的协调之功卓著，且显示出杰出的指挥才能，受到薛德乐上校多次表扬。

路，在艰难地向着国境线延伸，愈接近国境线，自然条件越复杂，筑路的难度也愈大，每推进一公里，都要付出巨大的代价。公路穿过古水坝之后，前面是一片13.9公里的沼泽，屏障一般阻在前面，遍地是泛着泡沫的泥浆和腐烂的植物，机械在这里根本无法施展本领。怎么办？李温平与其他技术人员会同薛德乐上校一起研究，采用了雷多公路野人山沼泽地段使用沉筏换土的解决办法。前后经过十几道工序，才将这一段公路修成。

穿过"泥海"，闯过密林与石笋相间的复杂地段，公路在国界37号桩附近被一座高10米、宽30余米的峭壁拦住了，这里就是地势险峻的猴桥。猴桥是南丝古道腾西北线的最后站口，它面临槟榔江，扼中印公路要冲。中印公路通车以前，槟榔江上既没有铁桥也没有石桥，只有一架用藤索编成的吊桥。人在桥上行走，藤桥摇摇晃晃，要手攀藤索、脚踩藤桥，像猴子一样跳过去，因此，称为猴桥。[①]面对猴桥的这一峭壁，美国工兵束手无策，推土机、空压机日夜三班突击施工也无效用。此时，李温平向美方建议采取大规模爆破后用推土机开路基的技术，结果使工期大大缩短，这是我国首次在公路建设上使用爆破法。在这样的爆破中，有时一次共计有200个炮眼开爆，这为我国修建公路大规模使用爆破技术开了先例。

1945年年初，国内段全部修通。李温平奉命随美军过国界抢修距国界20多公里处的陡壁悬崖路基开方工程。这里有一座长50多米、高100多米的削壁式石山拦住了去路，光秃秃的山上无插足之处，任何筑路机械都无能为力。美国工兵冒险采用贴炸药包方法，因站立不稳而落崖牺牲，美国工程师帕特里克·狄霖也在期间被炸起的巨石击中而殉职。面对这只巨大的拦路虎，薛德乐上校急得团团转。李温平仔细观察分析后，决定顺着石层纹理钻孔爆破，在苦战三天三夜后，人们征服了这座石山。

1945年1月20日，中美双方筑路人员在密支那会师。仅用两个月时间，筑路者们就征服了这条300余公里长、被断言不可能打通的保密公路，造就了我国近代筑路史上的又一个奇迹。

---

① 国家一级口岸——猴桥口岸[EB/OL].（2008-11-08）[2017-04-12]. http：//www.tengchong.gov.cn/info/1039/5451．htm．

而在保密公路的修筑过程中，李温平对于大规模爆破技术的掌握越来越娴熟，研究也越来越深入，使得他后来成为驰名中外的爆破专家、我国大规模定向爆破技术的开山者、中国现代爆破工程学的奠基人。

1945年4月，因"协修中印公路著有功绩"，李温平获国民党军委会颁发的陆海空一级奖章一枚；1945年8月15日，日本投降，国民政府又颁发给李温平抗日胜利勋章一枚。另外，美军总部也奖给李温平一面锦旗，锦旗上绣有中印公路路线和通车日期。同时，美军总部还将李温平的功绩呈报美国政府，由杜鲁门总统授予铜质"自由勋章"——这是美国政府向民间人士颁发的最高勋章。然而，由于李温平工作变动，以及后来很长一段时间中美两国处于隔绝状态，38年的时间里，这枚勋章一直沉睡在五角大楼。1984年7月，这枚勋章才迎来了它已72岁的主人，授勋仪式在美国内布拉斯加州奥马哈市举行。1986年，李温平将勋章捐赠给中国国家博物馆。

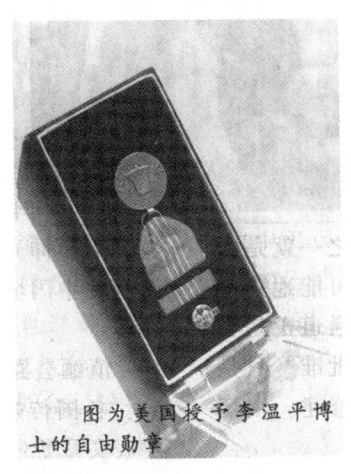
图为美国授予李温平博士的自由勋章

在解放战争期间，李温平积极响应中国共产党的号召，将当时国内仅有的一大批进口大型工程机械及财产悉数转移到人民手中，为解放战争胜利和胜利后的重建做出了重大贡献。新中国成立后，李温平历任建工部机械施工总局副总工程师，建材部建设总公司总工程师。作为我国爆破学的泰斗，全国几乎所有需要爆破的重点工程都有他的足迹。从鸭绿江边的机场到长春第一汽车制造厂，从官厅水库到武汉长江大桥，无不留下他的心血与汗水。李温平常说："只要我活着，我的专业特长，应该无条件地奉献

给祖国。"他将满腔爱国之情播撒在多灾多难的祖国大地上，将满身所学在用滇缅公路、中印公路等祖国急需的工程修筑中，他用他的一生书写着交大人的"实业救国"。2010年5月19日，西南（唐山）交大北京校友会原名誉理事长、原建材部建设总公司总工程师李温平在京逝世，享年98岁。

黎杰材：既负此重任，自当全力以赴

广西贵港市港南区木格镇是全国闻名的白玉蔗、草席的原产地和集散地，那里有一个十分出名的小村落，但它的出名，不是因为白玉蔗、草席，而是因为云集一处的近20座客家围城——广西最大的客家围屋群。这个客家村落距贵港市区约40多公里，名叫君子垌。1899年，黎杰材就在这里出生，他在抗日战争期间为我国多条运输通道的修筑特别是中印公路的抢通立下了汗马功劳。人们希冀着瞻仰这位昔日抗日英雄的风采，黎杰材的故居也因而游人如织。

黎杰材，字明旭，是一个极为聪明的客家人。1925年他毕业于交通部唐山大学，毕业后考取"庚款"保送美国留学，在康奈尔大学进修，获得土木工程硕士学位。在美担任过美国桥梁公司绘图员、设计员。

1928年，不舍祖国的黎杰材返回国内，任南宁市政工程处首任处长，后赴沪任沪杭甬铁路副工程师（铁道部技士）、杭曹工程处正工程师兼段长。抗战爆发后，黎杰材来到湘、桂参与抢修湘桂铁路，任湘桂铁路南段正工程师兼邕江大桥工程处主任，兼第四总队队长。

由于湘桂战事紧张，中国军队做战略撤退，黎杰材被调去修筑滇缅铁路，任澜沧江桥正工程师兼队长。期间，与杜镇远、龚继成等校友一道，开展了西祥公路的建设。西祥公路在云南境内横跨滇中高原西部的祥云、南华、姚安、大姚、安仁等县，越过金沙江进入西康的大凉山会理、德昌、西昌，沿线高山与峡谷的落差达700余米，工程很是艰巨。从1940年12月到1941年6月，全长548.7公里的山间公路仅耗时半年，在只有极简陋的筑路工具帮助下，以极节俭的方式修筑完毕，创造了中国公路史建造上的一个奇迹。

（黎杰材）

　　美国志愿空军飞虎队队长陈纳德将军是黎杰材在美国期间的老同学，陈纳德深为赏识黎杰材的才干，因而推荐他参与了简阳、丹竹、绵阳三处机场的修建，任军委会工程委员会简阳飞机场工程师兼第七工区主任、丹竹飞机场工程处及绵阳飞机场工程处处长等职。黎杰材也较好地完成了这些任务。随后，黎杰材将修飞机场的千余名技术人员及职工调赴昆明，与他一起踏上了修筑中印公路的全新征途。

　　1944年8月5日，中国驻印军在美军协同下，攻克密支那，缅北第一期反攻任务胜利结束。9月下旬，434.4公里的雷多至密支那段全线通车。与此同时，滇缅公路工务局将负责修筑密支那至中缅国界37号界桩之间全长133公里路段的第二工程处和三个测量队的人员火速用军机分批从昆明送到密支那。保密段第二工程处在缅甸洒鲁成立，下设5个工程队，负责国外段测量施工，即中缅边境37号界桩至密支那段。黎杰材任军委会运输统制局滇缅公路工务局保密段第二工程处副总工程师兼处长，负责全面启动该段公路的测量设计工作。

1944年11月13日，军委会电令滇缅公路工务局务必设法于1945年2月前打通保山至密支那的公路。面对中央的命令，所有筑路者，不论工程师还是中、缅民工都竭尽全力去完成。他们知道，他们正在修筑的这条穿行于地势险峻的山岭、遮天蔽日的密林、泥泞不堪的沼泽之间的路，是支持抗日的"生命线"。他们希望通过自己的努力工作能将日本侵略者早日赶出这片土地。

黎杰材负责的路段要通过大片原始森林，是毒蛇猛兽出没、蚊虫肆虐、瘴气弥漫、自然环境十分险恶的地带。雨季时，筑路者的痛苦更是不可言喻，身上一整天都是湿淋淋的，晚上还得睡在浸水的帐幕里、竹制的小屋里、丛林的吊床上。工程队百分之八九十的人员都染上了疟疾，几乎天天都有人死亡。同时，因为雨水浸泡，泥石流、塌方、路面开裂等屡屡发生，筑路机械经常出现堕岸事故。

修筑保密公路国外段最困难的就是人手不足和粮食问题。线路经过的地方人迹稀少，施工时在当地雇用工人十分困难，除少数熟练技工须在昆明招雇，乘飞机到密支那，普通工人约需4万人。因此黎杰材建议：请上级与云南省政府商量，就近在腾冲地区征用。而关于粮食问题，他提出：工程处需要大米4000吨，半数的粮食每日空运需运输机10架，除请美军协作外由中航公司利用回空飞机运一部分粮食投掷工地。1944年12月，滇缅公路工务局从腾冲招募民工1000多人到国外段参加筑路，美国工兵也投入较多机械协同筑路。因黎杰材与陈纳德将军的关系，他深得美军司令的信任，所以他的工程队得到美国空运大队的大力支持，举凡人员、器材调动都由飞机空运，就是粮食给养也大部由空运解决。

在工人和粮食的问题基本解决后，黎杰材没了后顾之忧。为了加快筑路进程，尽快完成任务，黎杰材实行了日夜不停轮流作业的工作制度，将主力放在工程最难路段，并取得美军工程兵团的配合，全力以赴，只要测好一段便交给美军工程队用机械修筑。

就这样，如黎杰材所说："既负此重任，自当全力以赴，冀此唯一的国际路线能于短期打通。"他带领筑路员工艰苦奋斗，克服重重困难，与其他路段的中外同仁们一起，完成了一般人认为"不可能"的工作。

（飞机空运物资。龚继成书中图）

  1945年1月22日，美国首批援华车队从印度雷多经中印公路、滇缅公路开进昆明，结束日军对我国的长期封锁局面。鉴于黎杰材的重要贡献，1945年抗战胜利后，国民政府授予其抗日胜利勋章。

  1949年广州解放后，黎杰材暂居香港时，广州市长亲函欢迎他回国，国家领导人曾托人请其回国，但因当时家属身体原因，未能如愿。后来，黎杰林前往东南亚婆罗洲创办了一家建筑公司，并长居彼处。20世纪70年代，因患重病，黎杰材往台湾就医，然病重不治，不幸于1975年离世，终年76岁。

滇缅铁路篇

光荣而未竟的滇缅铁路

滇缅铁路的修筑始于1938年冬，1942年夏临近完工时被迫炸毁。它是抗日战争时期具有重大战略意义的国际干线通道，修筑时汇聚了当时中国最顶尖的铁路工程师和数万名铁路技术人员。它是中国人民在抗日战争时期修建最为艰难的铁路，近30万云南百姓为之昼夜赶筑。它没有因边地瘴气和疟疾阻断，却因抗战局势而功亏一篑，自此悄无声息地湮没于滇西的崇山峻岭之中。这条光荣而未竟的铁路虽然已在地图上消失，但其凝结的爱国热忱和抗战精神却值得后人永远铭记。

在抗战中诞生

早在孙中山先生的《建国方略》"实业计划"中，西南铁道系统的干线之一就是滇缅铁路。而滇缅铁路真正被提上日程主要是基于巩固国防的战略考量。

1935年，中国笼罩在华北事变的阴影下，国土被日寇蚕食，抗战形势急如星火。按照战事蔓延的形势，如果华北不保、沿海不保，中国对外的陆海通道将被封闭，国内物资很快将消耗殆尽，必须尽快在西南大后方铺设可以与外界联系的国际通道。其时，铁道部次长及新路建设委员会委员长曾养甫向南京国民政府极力主张修筑滇缅铁路，却迟迟未得到重视。

1937年，七七事变爆发。南京国民政府紧急部署全国范围内对日作战计划。蒋介石与云南省主席龙云在修筑滇缅铁路和滇缅公路方面达成共识。滇缅公路先于滇缅铁路在1938年8月通车，然而面对万吨海轮运来的军需物资时，公路相对有限的运输能力便暴露出来。一船物资往往需要几千辆汽车往返奔波，耗油量巨大，还常常拥堵停滞，运输效率相对低下，运输成本极其高昂。据统计："昆明至腊戍1146公里，往返一次约需16天，4000辆载重量为三吨的卡车的购置费，至少需要美金400万元以上，当时每公里的运费为法币1元，在1146公里上，一天运送600吨货物，约需687 600元，一年需2亿5千万元法币，已超出修建（滇缅）铁路的全部费用。"[1]因此，修筑滇缅铁路虽然费时费力，但如果修成将在很大程度上解决运力的问题，滇缅铁路在运送大量军需物资和建设器材方面最为便捷经济，可以成为抗战时期联系云南昆明到缅甸腊戍的重要陆路运输通道。

几经权衡，南京国民政府终于将滇缅铁路提上抗战国防的重要日程，于1938年开始修筑滇缅铁路。1938年8月1日，滇缅铁路工程局成立，开始踏勘测量等筹备工作。1938年12月25日，滇缅铁路与当时的叙昆铁路同时举行开工典礼。

敢问路在何方

滇缅铁路从动工之日起，没有一日不处于艰难困苦之中。滇缅铁路工程事关重大且道路艰险，铁路专家们对于修筑路线的选择更是慎之又慎。从昆明经楚雄至祥云一段，为滇缅铁路东段，并无争论。而自祥云以西，有南北线的争执。北线主张从祥云经下关、保山、腾冲，与缅甸铁路的密支那或八莫接轨，南线主张从祥云经弥渡、云县、孟定至我国与缅甸交界的滚弄止，另由滚弄延伸至腊戍与缅甸铁路相衔接。经过分别查勘两条线路，互相比较，专家认为北线相比南线更加困难，要穿过三大横断山脉——云岭、怒山、高黎贡山，还要经过四条大江——澜沧江、怒江、龙川江、大盈江，翻过一座高山，马上就要进入一处峡谷，尤其以越过高黎贡山最为困难。南线所经历的云县、孟定一带，虽然也是山地，施工仍存在困难，但是可以避过怒山山脉和高黎贡山，而且南线可以兼顾滇南和滇西。最后决定采用南线方案。

---

[1] 彭荆风. 滇缅铁路祭[M]. 昆明：云南人民出版社，2005：50.

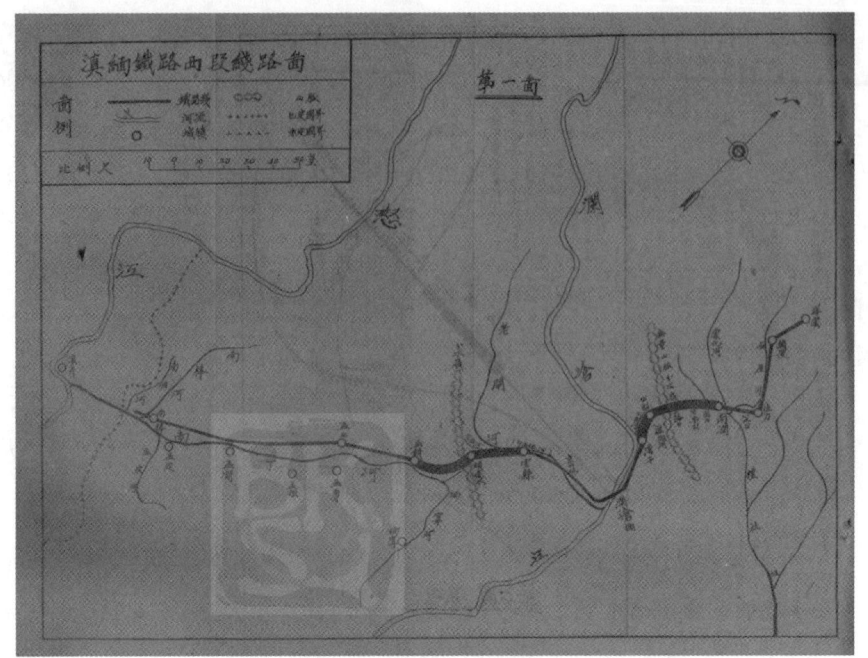

（滇缅铁路西段线路图①。滇缅铁路工程局技术委员会专家程孝刚②先生绘制）

即使采用南线方案，滇缅铁路工程依然存在重重困难。地势崎岖为第一难。铁路正线全长为 885 公里，所经之地皆为崇山峻岭，有无量山、点苍山等大山脉，元江、澜沧江等大河流，或高耸云霄，或深邃如谷，例如白马箐、头道水等处，地势高低悬殊的地方相差有 1500 米，且铁路全部土石方约 4000 万方，其长度比公路虽然少 100 多公里，但土石方数量则超过公路一倍。施工修筑实为不易。

气候恶劣为第二难。自澜沧江以西，边境瘴疠盛行，遇雨季更为猛烈。员工们都不同程度地得过疟疾和肠胃病。

物资缺乏为第三难。且不论抗战期间物资短缺、物价高涨，修路经费入不敷出，还常常拨不下来，即使有资金也不一定买得到材料，买到材料也不一定能运到施工现场，有的工段缺乏水泥、炸药、柴油、八角钢、洋

---

① 程孝刚．滇缅铁路西段沿线视察记[J]．新工程，1940（7）：11-25．
② 程孝刚（1892—1977），江西人，美国普渡大学机械系毕业，1928 年任交通大学秘书长，1947 年任交通大学校长。

镐、大锤等基本原料和工具，有的工段施工条件非常差，没有起重机、掘土机等大型机械设备，就连风钻、夯土机等小型机械设备也没法运进来，劈山砍林的沉重劳动基本上全部依靠人力。

重重困难再加上时局震荡、人工匮乏、食物短缺等原因，滇缅铁路工程的艰巨程度不可避免地"为国内各路冠"。

战火中的群英会

无论如何困难，在这国家民族危急存亡之秋，滇缅铁路上的人们都在以最大的决心，竭尽所能，抖擞精神，为这条肩负着重要使命的国际通道付出自己最大的努力。

滇缅铁路汇聚了一大批中国第一流的铁路工程师，如当时的交通部公务司司长、首任滇缅铁路工程局局长萨福均，浙赣铁路局局长、滇缅铁路工程局局长兼总工程师杜镇远，琼崖铁路工程局局长、滇缅铁路工程局副局长兼副总工程师张海平等。这些专家都来自于国内外著名大学，如萨福均毕业于美国普渡大学土木工程系、张海平毕业于美国康奈尔大学土木工程系，而杜镇远则毕业于唐山工业专门学校，这所学校正是今天西南交通大学的前身。①

在滇缅铁路上工作的西南交通大学校友数不胜数，除了1914届的毕业生杜镇远，还有滇缅铁路工程局工程师梁信瑚（1911届，职务待考），工程局第八总段总段长吴福如（1913届），工程局副局长兼副总工程师、西段第四工程处处长王节尧（1915届），滇缅铁路技术委员会委员罗英（新中国成立后任唐山交通大学结构系教授）、茅以升（1916届），滇缅铁路督办公署会办、技术组副主任委员侯家源（1918届），工程局副局长兼副总工程师、第三工程处处长吴祥骐（1918届），工程局某课课长王洵才（1920届），工

---

① 西南交通大学肇建于1896年，是中国第一所工程高等学府，先后定名为山海关北洋铁路官学堂、唐山工业专门学校、交通大学唐山学校、交通大学唐山工（程）学院、国立交通大学贵州分校、中国交通大学、唐山铁道学院等，因时局、战乱等原因播迁18次，更名亦18次。1964年，根据中共中央建设"大三线"精神，整体内迁四川。

程局公路工程处总管理处处长赵祖康（1922届），工程局工程师陈广源（1922届），工程局副局长兼副总工程师、第二总段总段长、西段第二工程处处长龚继成（1923届），工程局第十二总段总段长罗孝倬（1924届），工程局第六总段总段长林家枢（1926届），工程局工务课课长兼正工程师的汪菊潜（1926届），工程局第三总段工程师俞成（1929届），工程局设计课课长林同炎（1931届），工程局第五总段蟠龙寺支段长陈大镁（1931届），工程局工程师冉媛（女，1934届），工程局第三总段副工程司兼分段长石衡（1935届）等等。①

他们以修筑这条"关系抗战救国"的滇缅铁路为荣，以百折不挠勇往直前的精神，将毕生心血倾注其中。

他们深知，"工程提早一天完成，抗战胜利就多一分把握"，在抗战进程中对时间的争取是高于一切的，而对于具有重大战略意义的滇缅铁路来说，更是要以任何代价来缩短时间。滇缅铁路工程局局长、西南交大1914届校友杜镇远与滇缅路上的同仁约定："在工作时间以内不得阅览书报，不得随意谈笑"，因"前方抗战将士日夜在枪林弹雨之中，为国家民族争生存……较之前方将士，生活甚为舒适，哪能再不加倍努力呢！"

他们深知，抗战时期的一切建设都是艰难的，而滇缅铁路工程是所有建设工程中最艰难的，"我们不能因重重困难而有所畏缩，正因为其艰难，所以值得共同努力"②。而这种努力付出的，不仅仅是风霜疾苦，甚至还有生命。1940年1月5日，第三总段工程师、西南交大1929届校友俞成（字蓝僧）在禄丰—平浪七分段不幸以身殉职。那里山势陡峻，悬岩绝壁，俞成在检阅图表时失足坠入岩下，遇难时只有36岁，正值壮年，况且他的家境清寒，留下年及花甲的双亲、孱弱的妻子和6岁的幼子。虽然滇缅铁路的同仁纷纷为其筹款，但当时俞家依然是一片凄惨景象。醉卧沙场君莫笑，古来征战几人回。我们已经无法计算，有多少像俞成校友这样的工程师为滇缅铁路献出宝贵的生命，其意义与前方抗日阵亡将士何异？

---

① 因资料短缺等原因，现仅查实这些人，然滇缅铁路上工作的交大校友远远不止这些数据，特此说明。
② 王节尧. 我们工作在那里[J]. 滇缅铁路月刊，1940（1）：8-10.

（大批工程师乘卡车向指定地点进发）[1]

在滇缅铁路工地上的交大校友里，也不乏巾帼英雄。1934届校友冉媛是西南交大历史上第二位女生（1933届校友朱颖卓是第一位女生，她与1931届校友陈大镁结为夫妇，陈大镁也在滇缅铁路工作）。冉媛曾先后参加浙赣、湘桂、叙昆、滇缅、粤汉铁路以及海南岛铁路的设计施工等。她在滇缅铁路做工程师，由于1940年铁路被迫停工而转去修公路，还负责了云南姚安至太平铺间一段线路的施工，她利用烧制的瓦管做涵洞，并研制黄土石灰浆砌石块和青砖，利用木排架便桥，解决部分交通运输燃眉之急，得到了杜镇远的肯定。

即使是在极端困难的处境下，校友们依然时时记着为母校捐款，甚至专门在禄丰中国银行设立了母校基金；他们积极为抗日前线和流亡同胞捐赠寒衣；他们还创办了自己的刊物《滇缅铁路月刊》，不仅刊载重要报告、著述、法规制度，也发表了不少动人诗篇……

---

[1] 杜泽垣，詹新吾. 滇缅铁路在赶筑中[J]. 大美画报，1939，3（8）：2.

地图上消失的铁路

按照最初的预期，滇缅铁路将在1942年6月底完工。虽然修路过程中遇到了数不清的困难，但人们还是互相鼓劲打气，以乐观的精神，卯足劲头向前赶工。巍峨的高山上昼夜都能听到炮声隆隆，还有工地上此起彼伏的夯歌和大锤敲碎石块的金石交响曲，那真是一幅震人心魄的壮美画面。工程进度图表几乎每五日一大改观，隧道凿通了，挡土墙筑成了……

然而，时局变动让滇缅铁路工程难以安定。1940年7月18日，英国屈于日本压力，签订了《封闭滇缅公路协定》，禁止中国车辆从畹町前往缅甸的仰光、腊戍①，滇缅铁路的材料来源被彻底截断。同时，修路经费大幅压缩，西线每月经费从200万元降至30万元，而一桶水泥的价格就高达400元。滇缅铁路被迫停工。

在一愁莫展之际，滇缅铁路工程局接到修建从西昌到祥云之间"西祥公路"的任务，这也是一个保全建制不遭遣散的机会，滇缅铁路大半员工都参与了西祥公路的建设。从1940年11月测量，12月开工，到1941年6月全线打通，仅用6个月时间，就将全程548.7公里的西祥公路修成，与滇缅公路K 315.08处衔接，成为沟通中国西南与缅甸的捷径。这时，滇缅铁路的局势也发生变化。1940年10月，英国因战局日益严峻而解除对滇缅公路的封锁，并于1941年3月声称愿意履行之前共同修筑滇缅铁路的承诺，将缅甸境内的铁路修至中国边境，力促中国赶筑滇缅铁路。美国亦申明愿意借款支持滇缅铁路。国民政府决定发行美元公债1000万元支付铁路工料款，在公债未发前，先行垫付每月900万元，限滇缅铁路两年完成通车。

1941年夏，滇缅铁路工程迎来了短暂的复兴。铁路工程局升格为"交通部滇缅铁路督办公署"，集中人力、物力和财力赶修，各处工程都掀起了新的高潮。人们也坚信滇缅铁路的完工指日可待，副局长张海平在1941年4月的一次演讲中斩钉截铁地说："过去政策不定，变化太多，现在本路赶工已成定案，决不致再有变化，凡我同人应各尽责职，努力工作，务使本

---

① 彭荆风. 滇缅铁路祭[M]. 昆明：云南人民出版社，2005：97.

路早日完成,赶上抗战!"①

到 1942 年春,滇缅铁路东线已经从昆明穿越了 7 条隧道铺轨到一平浪,西线临沧境内近 400 公里的铁路土石方工程也基本完成,一些车站、桥墩都已建好,已有少部分铁轨运来准备铺设②……这时,离工程竣工只剩下一年的时间,滇缅铁路已见雏形,人们期待着,这些年的艰辛即将成就一条光荣的铁路。

(建设中的滇缅铁路第一号隧道,位于碧鸡关附近,长约 0.4 公里)③

风云突变。1942 年 3 月,日寇占领缅甸仰光,滇缅铁路所需材料的运输通道再次被截断。滇缅铁路被迫于 3 月中旬全线停工。中缅边界的畹町、瑞丽、芒市、龙陵、盈江、梁河、腾冲等地从 5 月初陆续失陷,滇西从大后方陡然变成了形势危急的前线。为阻止日军利用滇缅铁路的路基、桥墩

---

① 张海平. 四月廿八日在总理纪念周报告[J]. 滇缅铁路西祥公路月刊,1941(3、4): 1-2.
② 彭荆风. 滇缅铁路祭[M]. 昆明:云南人民出版社,2005:138.
③ 罗南湖. 滇缅·叙昆铁路印象记[J]. 东方画刊,1939,2(7):9-10.

以及公路便道等设施向云南腹地进攻，国民政府连下急令，调集民众和军队对滇缅铁路进行"彻底破坏"。破路的爆炸声此起彼伏，坚实的桥墩、隧道、路基在一次又一次的剧烈爆炸中扬起漫天尘埃，多少心力和血汗随之灰飞烟灭……

滇缅铁路工程费时三年多，其场面之伟大、动员之众多、限期之短促、工作之紧张，为铁路有史以来所未有。数万工程技术人员在极为困难的环境下，想尽办法，费尽周章，为完成理想中的最后一条国家铁路生命线而备尝艰辛。近30万云南人民在饥饿瘴疠中，披荆斩棘，筚路蓝缕，用人挑手挖的原始方式为修路付出了巨大的牺牲。滇缅铁路因抗战而生，也因抗战大局而毁，大桥未架，铁轨未敷，功亏一篑，通车路线仅有昆明到安宁的35公里。那些为筑路付出生命的人们，与前方阵亡将士无异。滇缅铁路不仅在铁路史上有难以磨灭的地位，在抗日战争史上更占有光荣的一页。

（昆明东城外的滇缅铁路正在装设铁轨，路边为待用的枕木）[①]

---

① 罗南湖．滇缅·叙昆铁路印象记[J]．东方画刊，1939，2（7）：9-10．

(滇缅铁路残段[1]。乔真真摄)

---

[1] 现在滇缅铁路仅遗存昆明北站至石咀的 12.4 公里线路,称为"昆石线"。

杜镇远与滇缅铁路

在中国近代铁路史上,有一位伟大的先驱者——杜镇远。

杜镇远,字建勋,秭归新滩人,1914年毕业于唐山工程学院(今西南交通大学)土木工程系。他是继詹天佑之后的铁路巨擘,曾担任杭江、浙赣、湘桂、滇缅、粤汉铁路局和西祥公路工程局局长兼总工程师,先后主持兴筑铁路4条,修复铁路1条,总长约3 600公里,修建公路1条,计长600公里。在20世纪20年代末至40年代,杜镇远以过人的毅力和执着推动中国铁路艰难前行。东起浙江杭州,西至云南边陲,他主持修筑的多条铁路都成为抗日战争时期打击日本侵略者的大动脉。

滇缅铁路是杜镇远以铁路工程局局长兼总工程师身份主持修筑的第四条铁路,是他在30多年筑路生涯中遇到的最艰难的路,也是唯一一条未完工的路。虽然滇缅铁路因战事吃紧而被迫停工,但这条铁路在短短3年内取得的巨大进展,与杜镇远的赤诚爱国和艰苦奋斗是密不可分的。

杜镇远先生
1950年摄于北京

(杜镇远先生)①

临危受命,身先士卒

1939年8月19日,浙赣铁路局在位于云南昆明的滇缅铁路工程局召开结束会议。其时,浙赣铁路西段400余公里已于日军入侵前忍痛破毁,主持修建浙赣铁路多年的杜镇远亦于同年5月奉命调任滇缅铁路工程局局长兼总工程师。浙赣铁路的十年心血付诸东流,杜镇远在强忍悲痛之时,将筑路抗战的希望寄托在能够打通国际要道的滇缅铁路上。他接到调令后,不愿耽搁一分一秒,迅速在滇缅铁路局开展工作,就连浙赣铁路的善后工作也带到滇缅铁路的工作现场来办理。这场特别的会议结束后,杜镇远将浙赣铁路的大批专家都留在了滇缅铁路,无疑为修建这条多难的铁路增加了一支生力军。

杜镇远到任滇缅铁路后,经常深入现场了解沿线勘测设计和工程进展情况,深受下属钦佩。滇缅铁路沿线环境非常恶劣,工程技术人员往往携带大量的"奎宁""扑疟母星"和"亚的平"等治疟特效药,这样都防不胜防,常常有人感染恶性疟疾很快死去。当时的杜镇远已年过半百,患有严重的耳疾和糖尿病。为了尽快确定铁路西段的建筑标准,保证西段尽早开始施工,他不惜长途跋涉,于1940年4月下旬亲自同副局长张海平前往祥云以西踏勘路线。杜镇远对铁路选线极为重视,他曾告诫同仁:"铁路事业,工程浩大,动辄需费千万或数万万,对于路线之选择,自非十分慎重不可盖一线选择错误。……所以于踏勘及测量时,须多选择比较线以资比较。凡我工程人员,须各注意及此。"①在滇缅铁路西段,杜镇远带领勘测人员,从祥云、弥渡、南涧横渡澜沧江进入云县、临沧、镇康、永德、耿马,直达中缅边界的清水河口岸并去往缅甸滚弄②,他们对铁路路线进行了详细的勘测。当地人烟稀少,荒凉贫苦,他们白天翻山越岭,以自带的干粮就着素菜充饥,晚上就寄宿在破屋茅棚。经过整整51天的艰难跋涉,杜镇远和他的同事选定了一条较优的路线,不仅可以最大限度减少施工的困难,而且能够保证两年之内修筑完成。

---

① 杜镇远. 在举行总理纪念周上的报告词[M]//政协秭归县文史委员会. 忆念杜镇远. 北京:中国文史出版社,1992:231.
② 彭荆风. 滇缅铁路祭[M]. 昆明:云南人民出版社,2005:68.

（滇缅铁路工程测量队在乱石激流中渡江）①

（测量队在营幕休息）②

---

① 杜泽垣，詹新吾. 滇缅铁路工程[J]. 中华（上海），1940（91）：9-10.
② 杜泽垣. 建筑中之滇缅铁路[J]. 展望，1939（7）：5.

先求其通,后求其备

早在修筑杭江铁路时,杜镇远就提出了"先求其通,后求其备"的工程思想,在经费拮据的情况下,他能够想尽一切办法,用有限的财力和较快的速度,以逐段兴工、逐段运营的形式,将铁路的投资回报重新投入到后期的维护运营上,实现铁路的早日通车。杭江铁路是由中国人自行设计施工修成的,是继詹天佑主持自建京张铁路之后的第二条自建铁路,声震海内外,弘扬了中国人的志气。杭江铁路后发展为浙赣铁路,成为抗战运输的东南大动脉。而修筑湘桂铁路时,杜镇远采用"分段并修"筑路法,创造一日一公里的施工奇迹,用一年时间提前修通。

相比浙赣、湘桂铁路,滇缅铁路面临的困难更大,尤其是经费和材料的极端匮乏。在这样的条件下,杜镇远实事求是地制定出"就地取材"的原则,因地制宜地确定线路坡度标准,大大加快了铁路建设速度。据杜镇远在滇缅铁路上的同事、西南交大校友陈大镁回忆:在铁路开工之初,先要修一条运送施工器材的公路,杜镇远提出"少填、多挖、就地爬"的七字要诀,虽然说起来像是一句顺口溜,但确实是很好的筑路经验。"少填,是因为路基土方填高了,遇雨下沉量太大,即无法行车;多挖,是要多作挖方的路基,这样地基就坚硬了;就地爬,因为在山区修路,土石方工程量甚大,为了节省经费,早日通车,暂时加大一些坡度,也是允许的。"[1]陈大镁当时是滇缅铁路镇南县(今云南楚雄南华县)五总段内蟠龙寺支段长,他按照杜镇远的指示,用不到半个月的时间就完全用人工挖通了一段经蟠龙寺去姚安的长约15公里的公路便线。

在滇缅铁路局兼修西祥公路时,杜镇远将筑路思想完善为"先求其通,后求其备,多绕少桥,多砌少填"16个字。西祥公路沿线548.7公里,多崇山峻岭,盘旋上下,工程量浩大,16字原则为西祥公路节省了大量的人力财力和时间,仅用6个月时间就提前通车。"先求其通"并不是一味降低工程标准,而是通过先行通车带来各方效应进而带动线路的完备。即使工

---

[1] 陈大镁.怀念老校友杜镇远先生[M]//政协秭归县文史委员会.忆念杜镇远.北京:中国文史出版社,1992:70

期紧迫,要"先求其通",杜镇远还是坚持一再勘测,精密设计,尽力降低坡度来避开危险地带,尽量接近交通支线和据点,保障全部路线都能够处于当时的区域经济和政治中心附近,这不仅为抗战,也为带动云南经济发展做了充分的考虑。

清正严明,知人善任

1939年7月19日,在滇缅铁路工程局第一次局务会议上,杜镇远在主席报告中向在座的主任、段长、课长们抛出一个话题,即"遵守时间,按时上下班"。他要求所有签到簿在上班十五分钟内送到局长办公室,迟到者到局长办公室补签名字。杜镇远说到做到,一连三天到局大门门口考察上班情况,对职工震动很大,成为当时少有的新鲜事。慢慢地,很多人理解了他的一番苦心。在抗战进程中,对时间的争取高于一切,不能有任何松懈。滇缅铁路工程关系重大,早一天完成,就能使抗战胜利多一分把握。

(杜镇远担任滇缅铁路工程局局长时主持创办的《滇缅铁路月刊》)

杜镇远虽然多次担任过铁路局局长，但一身清白。在修杭江铁路时，他不但不接受同僚给他搬家的贺礼，还严肃批评了这种陋习。他对送礼的代表说："要建立一种新风气，上下都不准送礼，这次贺礼除蜡烛一对已烧外，其余全部退回。"他规定滇缅铁路限制馈赠宴客，员工凡遇婚丧喜庆一律不准铺张，公务活动在经济食堂备菜者，每桌八人以上要以六菜一汤为限。他严禁路局上下收回扣，也不准给他人送，办事全靠信誉。滇缅铁路上的员工们说，从未听说过有人给杜镇远送礼。他的侄儿由湖北转移到镇南的一所联合中学就读，离杜镇远经常去视察的镇南段很近，当时流亡学生生活非常艰苦，杜镇远也只是给侄儿极低的生活费，并嘱咐在滇缅铁路上的老同学不要给他侄儿特殊照顾，要勉励其努力求学，与流亡同学同甘共苦。

杜镇远重视对技术人才的爱护培养，但从不任人唯亲，他对员工的晋升问题一直持谨慎的态度。他的秭归老乡杜淳曾参与杭江、湘桂、浙赣铁路建设，在滇缅铁路参加工程改线工作，在祥云王家安工段施工改线中避免了一座隧道，然而却因其年资尚浅而迟迟没有提拔。但是对具有相当才华的人，杜镇远能够不拘一格，大胆起用，他敢于推荐当时年仅36岁的茅以升去承担修建全国闻名的钱塘江大桥的艰巨任务，勇于举荐年仅33岁的吴钰担任粤汉铁路局总段长。他用人没有派系之别，虽然全国各大铁路有很多负责人是交大出身，但对于不是交大毕业的，只要有真才实学，他都求才若渴，并委以重任。

坚忍不拔，迎难而上

在杜镇远大半生的铁路建设生涯中，凡经他手的铁路，不是提前修通，就是如期完工，这主要得益于他有着不畏艰难、实干苦干的勇气和决心。杭江铁路曾因难筹巨资而几陷停工，为了申请到贷款，杜镇远去见中国银行董事长张嘉璈，在传达室整整等了4个钟头，张嘉璈终于被他的诚意感动，而且杜镇远谈话明确精当，说服力强，很快就把360万元的贷款谈妥，解了工程燃眉之急。

如今修筑滇缅铁路更是难上加难。沿途地形崎岖，瘴疠疾疫横行，而且路线又绵长，其长度分别是杭江、湘桂铁路的两倍多。当时外汇不断高涨，物资奇贵，材料购置运输费用超过平时的几十甚至上百倍。就连见惯了修筑工程大风大浪的杜镇远都不得不慨叹："滇缅铁路较江南北已成之任何一路为最艰巨，良非虚语！"①但是杜镇远始终保持着战胜艰难困苦的昂扬斗志，不仅没有退缩，反而努力赶筑铁路。他曾多次将"必成决心"与同事们共勉："决心为成功之要素，有决心才能不避艰险困苦，奋勇从事，否则遇难不前，受苦不进，那就永久没有成功之一日。"②

杜镇远并不是只顾朝前修路，在遇到困难时他还不断分析研究，对滇缅铁路工程的艰巨性进行充分的估计和冷静的思考。当昆明到一平浪之间的路基、桥梁、山洞等工程还在进行时，他就已提前考虑铺轨通车事宜。经多方了解到香港存有钢轨300公里长后，他便迅速与叙昆铁路局商定各分一半，基本满足了滇缅铁路从昆明到一平浪之间的铺轨需求。他多次向上级汇报，如能够从1940年1月起按月拨发工款，及时拨交钢轨、机车、钢梁等物资，并快速运至昆明，那么滇缅铁路工程的东段将如期完工。他也对西段工程进行了评估，西段往往数十里人迹罕至，传染病流行，招工极为困难，但是转运材料较之东段方便，可以从缅甸就近运入；如果能够像东段工程一样，发动云南本地各县民众分段进行赶工，同时按照"先求其通"的原则降低建筑标准，按时拨发工款和材料，那么滇缅铁路工程的西段在1941年底完工都不是难事。

1941年3月，杜镇远奉令奔赴美国洽购修筑滇缅铁路边境至祥云段所需器材。从3月26日到4月10日，经过近20天的飞机转轮船再转飞机，一路奔波劳累，终于抵达美国。途中在威克岛上飞机时，年过半百的杜镇远在露水浸湿的跳板上不慎滑倒，造成右胫骨裂伤，在敷上石膏简单诊治后，他坚持忍痛架着拐杖前往华盛顿。为了方便洽谈，他甚至恳求早点取下石膏，被当地医生严词拒绝。经过与美方军政部、铁路部门等15天多轮接洽，4月27日由罗斯福总统批准贷款1500万美元。杜镇远大喜过望，他

---

① 杜镇远. 抗战中诞生之滇缅铁路[J]. 抗战与交通，1940（33）：627-629.
② 杜镇远. 在举行总理纪念周上的报告词[M]//政协湖北省秭归县委员会文史资料委员会. 忆念杜镇远. 北京：中国文史出版社，1992：231.

拖着伤腿在美国铁路和器材厂家四处奔走采购，恨不得让材料插上翅膀飞回国内。筑路器材、炸药、工具等物资的逐步到位，大大提升了滇缅铁路工程的进度。到1942年春天，滇缅铁路已经初见端倪，只待铺轨架桥，这条国防要道就能在抗战后方发挥重要作用了，云南的经济也将随着交通便利而迅速腾飞……

如果不是因为1942年缅甸败局的致命一击，以杜镇远的拼搏精神，完全有能力将滇缅铁路完工通车。不管是什么年代，不管是路还是人，其命运都始终与国家民族的兴衰紧密相连！滇缅铁路虽然留下了遗憾，但是以杜镇远为首的筑路人为抗战救国付出的努力却永不磨灭。

爱国至上，一片赤诚

杜镇远筑路一生，其爱国赤诚贯彻始终。他自幼受其父杜定祥"研究科学，救国危亡"的勉励，矢志献身铁路事业，为国家修筑通往富强之路。他时刻以报国为己任，不顾一切去修筑开始才筹到20万元经费的杭江铁路，就是要"利用本国技术人员创建铁路以变易国人心理，为交通建设祛无形之障碍"①，用中国人自己的铁路树立信心、弘扬志气。他还把杭江铁路当作练兵场，为国家培养了大批铁路实战人才，为后面的浙赣、湘桂、滇缅、粤汉等铁路工程打好了基础。当杭江铁路修成时，劳累的杜镇远因积劳咯血而住院休养年余。抗战期间，他指挥抢筑湘桂铁路，赶修滇缅铁路、西祥公路，紧锣密鼓，不舍昼夜，更是为了救国于危亡，拯救百姓于水火。他曾多次告诫滇缅铁路上的同仁："当兹国家民族危急存亡之秋，各应本其学验，竭其智能，抖擞精神……吾人虽不能执干戈以杀敌，而建设后方，便利军运，增加抗战力量，亦即所以报效国家，尽忠民族也。"

杜镇远志在筑路报国，不愿当官从政，国民政府曾派孙科出面请他，他也不为所动。新中国成立后，杜镇远于1950年5月毅然携眷由香港返回北京，在经过香港罗湖车站时，警察怀疑其携带金条美钞而对其进行再次

---

① 杜镇远自述[M]//政协秭归县文史委员会.忆念杜镇远.北京：中国文史出版社，1992：279.

盘查，结果在杜镇远的行李中，除了日常衣物，十多个箱子全部装的是书籍，不要说金条美钞，连一件称得上贵重的物品都没有。当过了罗湖看到迎风飘扬的五星红旗，这位日夜盼望回家的61岁老人激动得流下了热泪……

回到北京后，杜镇远担任了铁道部部长顾问工程师、参事室参事，孜孜不倦地学习马克思列宁主义、毛泽东思想和党的方针政策，总结自己的建设经验，对新中国铁路建设提出"先通其备，固本简末"的八字建议，为人民铁路建设留下宝贵的精神财富。他还曾找过铁道部洪观涛参事、罗孝倬工程师和吴钰工程师商议，计划编写《铁路工程丛书》。他在给侄儿杜炳文的信中，还兴致勃勃描述了回京后第一天上班的情形："（1950年6月）29日上班，办公地点在计划局，第一件事研究五年计划。这种事极感兴趣。安心为人民服务，别无他求……"抗美援朝期间，杜镇远积极响应政府号召，将成都乡下金牛坝成灌马路之侧的一厅四室平房一所及房地一亩捐献给川西抗美援朝分会，成都地区土改工作团团长郝德青[①]对他的做法也深表钦佩。

爱校如家，拳拳之心

上过交通大学的人都有一种毕生抹不去的铁路情结。杜镇远不仅自己终其一生为国家多修铁路，而且还想让他的儿女和侄儿们都为铁路做贡献。他的长女杜崇慧在《追思我的父亲杜镇远》一文里中不无感慨地写道："要让他的长女学铁道管理，次女学铁路信号，唯一的儿子和侄儿们学土木工程，除了交通大学，似乎进别的大学就不同意似的。"

1907年，18岁的杜镇远考入四川铁路学堂，后与学堂60余人赴唐山参加唐山工程学院（今西南交通大学）考试，除他与3位同学考取外，其余均落榜。1910年至1914年，杜镇远在唐山土木工程学院攻读土木工程，

---

① 郝德青（1906—1993），著名外交家。曾任中共成都市委第一书记，中国驻匈牙利、朝鲜、挪威、荷兰、伊朗等5国大使，国务院外事办公室副主任、中国人民外交学会会长。1978年当选为第五届全国人大常委。1983年连选为第六届全国人大代表、常委、外事委员会委员。

成绩优异。由于在毕业生中名列前茅,他在1921年即获得斐陶斐励学会会员的殊荣。斐陶斐励学会为当时国内各著名大学(如燕京、北洋、北京、唐山、南开、金陵、南洋、约翰、东吴、东南等)共同组织的"奖励学业,提倡研究,联络各大学为宗旨"的学术团体,参加者除少数教师外,还有历届毕业生中"学业超群,品质纯洁者"。杜镇远是1914届毕业生中仅有的2位斐陶斐励学会会员之一,可见其学业优异,非同一般。①

爱护支持母校是杜镇远到了哪里都不会忘记的事情。1937年七七事变后,日军占领了唐山工程学院校址,学校被迫南迁。杜镇远当时是浙赣兼湘桂铁路工程局局长。在与湘黔铁路工程局局长侯家源校友(1918届)商洽后,他马上致函学校驻南昌复校办事处黄寿恒教授,竭力主张立即在湖南湘潭(湘黔铁路局驻地)复课,以免延误同学们的学业。杜镇远德高望重,在当时的铁路工程界有很大的号召力,各地师生校友闻知是他的倡议,纷纷响应,大力支持。在湘黔、湘桂铁路局的大力支持下,侯家源、裴益祥、庆承道等校友帮助赶制桌椅,借用路局的黑板和测量仪器,还将钱家巷工程师宿舍让出,供师生居住。杜镇远当时是北京校友会交际股主任干事,他除了自己慷慨捐资之外,还致函各地校友,呼吁对母校南迁给予帮助。四散各地的师生在校友们的接洽帮助下,纷纷聚集湘潭。其中,在上海办事处的学生代表戴根发等多人在回程中得到了浙赣铁路王节尧(后任滇缅铁路工程局副局长兼副总工程师)等校友的大力协助。

同年12月15日,学校在湘潭举行开学典礼,师生们激动万分,打出大幅标语:"前辈之爱校如此,学校之不亡有因。"在募集复校基金过程中,校友们纷纷慷慨解囊,仅半月就募集了一万二千余元(银元),超出预定额一倍多。在黄寿恒教授的回忆文章《湘潭复校经过纪事》中,列出了当时推动奔走募捐者中的20位校友②,为首之第二人即为杜镇远。

在工作条件极端恶劣的滇缅铁路上,杜镇远仍坚持为母校募款。1942

---

① 李泳. 杜镇远校友与西南交通大学[M]//政协秭归县文史委员会. 忆念杜镇远. 北京:中国文史出版社,1992:10.
② 当时推动奔走募捐者有:侯家源、杜镇远、吴士恩、徐世雄、裴益祥、吴祥棋、连浚、史翼、邵福宸、王节尧、邵鼎汾、宋福祺、江为三、查良铸、李俨、王之镐、邵从桑、冯雄、薛兆枢、张竟成校友等。

年，滇西陆续失陷，滇缅铁路被迫停工，杜镇远又带领滇缅铁路员工改修中印公路，然而战火大肆蔓延，在由腊戍紧急转移到八莫时，他本人差点被日军掳获。在这样的紧迫情况下，他依然在5月6日给母校校长茅以升回复了一封信，信中告知已将捐募代存在云南禄丰中国银行的母校基金，拨存贵阳中国银行第1201号交大唐院校友基金会账户上。杜镇远爱护母校的心情和临危不乱的才干，可见一斑。

作为1914届的老学长，杜镇远时常鼓励毕业后的校友要为铁路事业做贡献。他曾语重心长地跟年轻校友们说："中国人必须热爱自己的祖国，交通大学的毕业生必须为祖国交通事业而贡献自己的聪明才智，要为孙中山先生当年提出的'十万英里铁路'而献出一切。"[1]1944年，杜镇远乘车路过贵州时，还特地绕道到平越（今福泉）[2]来看望母校的同学们，并作了关于修建铁路的演讲。抗战刚刚胜利的时候，原先迁往内地的工厂纷纷迁回沿海，而随校迁入内地的大学生陷入"毕业即失业"的困境。当时杜镇远正担任粤汉铁路局局长，他给母校发去电报："母校的土木、铁道管理及矿冶系毕业生，凡是找不到工作的，均可到衡阳来报到。"学校毕业生得讯大喜，一位叫龚绍为的校友为《校友通讯》撰写了很有趣的标题："老局长广招兵马，小校友云集衡阳"！校友们回忆起这段经历时感慨万千，对杜镇远的感激之情溢于言表。

韶光如电。1961年12月22日，72岁的杜镇远去世，永远离开了他奋斗了一辈子的铁路，他的亲人、朋友、同事、校友这样忆念杜镇远——

西南交通大学校友、杜镇远修筑西祥公路时的同事、荣获"二战自由独立勋章"的"近现代中国公路第一人"——曾主持修筑滇缅公路的工程专家赵祖康为他写下："工程前辈，铁路先驱，怀念镇远学长。"

西南交通大学校友、曾在滇缅公路与杜镇远并肩作战、荣获同盟军总部一级勋章的工程专家李温平说："论对我国铁路建设的贡献，詹天佑之后，当推杜镇远。"

---

[1] 张君泽. 仁慈厚道的爱国老人[M]//政协秭归县文史委员会. 忆念杜镇远. 北京：中国文史出版社，1992：142.

[2] 抗战期间，西南交通大学多次播迁，平越为校址之一。编者注。

（位于湖北省秭归县第一中学校园的杜镇远铜像）

  西南交通大学校友、第一位获得美国国家科学奖的华裔科学家林同炎为他写下："志在精进科技创新，筑路盛绩福国利民，功存抗日遗爱到今。"

  曾与杜镇远在湘桂、滇缅铁路共事多年的水利专家陶述曾说："杜镇远先生处事明决，待人真诚，语言豪爽，他是我平生最敬佩的上级领导。"

  杜镇远的长子杜崇澍说："他长年奔波在各个工地上，一年出差的时间多过在家的时间。他的办公室好像就在踏勘的荒山野岭上、在桥梁边、在山洞旁……"

  当我们再次遐想这段饱浸了无数工程技术人员心血的滇缅铁路时，当我们乘坐在奔驰于祖国大好河山中的每一辆列车上，不要忘记像杜镇远一样的千千万万的工程师，不要忘记用双手挖出最初路基的勤劳人民，不要忘记中国人百年来为自强自立于世界民族之林而付出的艰苦卓绝的努力。

滇缅铁路上的杰出工程师王节尧

在西南交通大学毕业生中,流传着一个"接头暗号":"竢"字怎么读?能够会心一笑,不假思索答上来的,多半是"自己人"。

"竢"字来源于1916年民国教育总长、近代爱国教育家范源濂亲自书写并奖励给唐山工业专门学校(今西南交通大学)的"竢实扬华"匾额。这方匾额是当年由1915届毕业生王节尧和他的学弟1916届毕业生茅以升以优异的成绩为学校争得的荣誉。

王节尧是西南交通大学的优秀校友,也是在滇缅铁路、西祥公路和中印公路上全力协助杜镇远的左膀右臂。作为滇缅铁路工程局副局长兼副总工程师,他对滇缅铁路工程的几乎所有测量、设计和施工都进行了周密的擘划。王节尧对工程计划的缜密安排和部署,为滇缅铁路的迅速修建起到了关键作用。

(王节尧)

"竢实扬华"功不可没

王节尧,号琢珉,浙江鄞县(今宁波鄞州)人。1915年毕业于西南交通大学前身之唐山工业专门学校，1918年考取清华学校专科生，公费赴美深造，在美国康奈尔大学专攻桥梁工程，并在哥伦比亚大学研究房屋建筑，1919年获得土木工程硕士学位，并成为斐陶斐荣誉会（Honor Society Phi Beta Kappa）①会员。

王节尧在校期间成绩非常优异，他还是西南交通大学最早的奖学金获得者之一。100多年前的1914年7月21日，学校第一次设置奖学金——老山德培奖学金。这项奖学金是由前清政府工程顾问英国人老山德培在生前嘱其子捐赠1000英镑建立的，每年以该笔资金的银行利息奖励唐山工业专门学校和上海工业专门学校的前5名优秀毕业生。1915年9月，王节尧、邓灿熙等5名土木工程科的优秀毕业生获得了交大历史上首批奖学金。这项奖学金一直实行到1937年抗日战争爆发前。②

1916年3月15日至4月14日，北洋政府教育部在北京举办全国专门以上学校成绩展览，通知各地高等学校选送展品参加展览。当时王节尧已经毕业，但是他的作业和论文非常具有代表性，学校还是决定将他作为历届优秀学生的代表，与该年毕业的茅以升的作业一并报送参评。全国报送展品参加展览的高等学校计有71所。经专家评定，唐山工业专门学校名列榜首。榜列前8名者为：唐山工业专门学校（94分）、浙江公立医学专门学校（93分）、北洋大学（90.8分）、国立北京医学专门学校（89.4分）、国立北京工业专门学校（88.5分）、国立北京大学（87.9分）、直隶公立工业专门学校（85.9分）、福建公立工业专门学校（85.8分）。③我校由于名列榜首，按教育部的规定，除由教育部发给优等奖状外，当年12月由教育总长范源濂特别奖励匾额一方，上写4个金色大字："竢实扬华"。

这是我国建有现代高等学府以来第一次开展校际评比，学校1896年建校以来的教学成果在这次评比中大放异彩。王节尧正是交大学子中坚持"精勤求学"的杰出代表。

---

① 斐陶斐荣誉学会是美国最负盛名的荣誉学会，由威廉及玛丽学院创立于1776年12月5日。
② 西南交通大学校史编辑室.西南交通大学（唐山交通大学）校史[M].成都：西南交通大学出版社，1996：45.
③ 西南交通大学校史编辑室.西南交通大学（唐山交通大学）校史[M].成都：西南交通大学出版社，1996：59.

(民国教育总长特奖——"焕实扬华"匾)

"精勤堂"的爱校表白

和西南交通大学的众多校友一样,王节尧对母校的爱既热烈又深沉。

热烈的是,王节尧不管在青岛,还是在东南各省修筑铁路,他都心系母校,积极联络校友。1931年在胶济铁路时,王节尧就整理了在青岛的校友名录函寄给母校,还向母校提出组建青岛校友通信处的诚恳建议。1935年,在母校建校39周年、唐山复校30周年校庆纪念时,他担任青岛校友募捐队队长,超额完成了募捐任务,仅前两期就组织32位校友募捐了695元(银元),王节尧的募捐额最多。抗战期间,母校校址被日寇所占,被迫南迁。当时王节尧在浙赣铁路工作,他同侯家源、杜镇远等校友一道,为母校在湖南湘潭复校奔走募捐,还协助上海办事处的学生代表戴根发等多人顺利抵达湘潭参加开学典礼。

深沉的是,他把自己在青岛荣成路17号的住所称为"精勤堂"。没有一个交大人不知,"精勤求学,敦笃励志,果毅力行,忠恕任事"是交通大学的校训,是在1930年公布的。而这一年,那个为母校赢得"焕实扬华"特别奖励的王节尧已经毕业15年了。当时,他被私立青岛大学(今青岛大学历史源头之一)延聘为土木科教授,也是青岛鼎鼎有名的建筑师。据说,私立青岛大学延聘教师十分讲究,一为国内名牌高校毕业的学生,二为海外归国的留学生。王节尧就是私立青岛大学延聘的26位精英教职员之一。[①]正是在交大校训公布这一年，王节尧建成了荣成路17号住宅。为了纪念他的母校，时刻牢记母校的教诲"精勤求学"，也为了提醒后人，他把这所房子定名为"精勤堂"。这座砖混结构的欧式住宅，叠涩出檐，造型落落大方，每个经过它的人都忍不住驻足观看，却很少有人知道，它饱含着一位交大毕业生深沉的赤子之情。

精勤堂落成3年后，王节尧为山东大学教授周钟岐设计的荣成路19号也建成了。这所住宅结合哥特式与乡村风格，正面双重屋顶，东南西北四个墙面各有趣味。王节尧设计的这两栋建筑风格鲜明，在赫赫有名的青岛八大关建筑群中独树一帜，尤其是荣成路19号，壮丽浑厚的石墙手法在八大关中也不多见，竟让人想起了著名动画大师宫崎骏笔下的建筑原型。

新中国成立后，八大关别墅成为党和国家领导人接待外国元首的重要场所，毛泽东、刘少奇、周恩来、邓小平等领导人，以及彭德怀、刘伯承、贺龙、罗荣桓、徐向前、叶剑英等元帅都曾在八大关别墅群下榻过。

为滇缅铁路呕心沥血

王节尧对于建筑设计有着深刻的认识和独到的见解。他擅长因地制宜进行工程设计，滇缅铁路采用窄轨便是他和杜镇远等工程师竭力主张的。

滇缅铁路工程极为困难，不仅环境艰险，物资材料也异常缺乏。对于王节尧来说，如何降低标准、如何就地取材、如何节约物力，是滇缅铁路工程设计和修筑的焦点问题。

他力主推动滇缅铁路采用米轨（即窄轨）。在最初讨论滇缅铁路建筑标准的时候，有不少铁路技术人员甚至是工程专家认为，滇缅铁路是国际交通线，应采用国际上通用的标准轨距。王节尧提出一个有意思的观点，即最有智慧的工程师莫过于造物者。以自然界的河道为例，在山岭区域的河道很多是又细窄又湍急的流水，而在那些开阔的平原，则以河面宽广的大

---

① 周兆利．从私立青岛大学到国立山东大学[N]．青岛日报，2011-06-14．

江大河居多。铁路交通建设可以借鉴大自然塑造河流的方式，窄轨铁路更能适应山区环境。

王节尧并非不知，轨距的不统一对于联系整个中国的铁路运输是有缺陷的。但是从因地制宜的角度看，在那个特殊的战争年代，为尽快打通中国与缅甸的国际通道，滇缅铁路工程采用窄轨是有极大优势的。滇缅铁路与同为窄轨铁路的缅甸铁路、滇越铁路相连，且经由缅甸运输国际物资，从这一点分析，肯定是修窄轨铁路的利多于弊。而且，窄轨铁路的运力并不比标准轨距铁路差。王节尧用缅甸境内的窄轨铁路和中国胶济铁路做了对比，缅甸铁路即使是在线路环境最恶劣的曼德莱至腊戍一段，每日运量可达3000吨，而在货运繁忙的胶济铁路，平均每日运量也不过5000吨左右，而胶济铁路轨重为每米43公斤，缅甸铁路轨重仅为30公斤。[①]滇缅铁路采用窄轨，适宜在山区修筑，减少了工程量，但运输能力不会减弱，还可以大大缩短工期、节省材料。滇缅铁路早一日通车，便能早一日为抗战前线输送急需的物资。在时间紧迫、物资贫乏的战争年代要修一条环境极其恶劣的铁路，这就是滇缅铁路的残酷现实。经过据理力争，滇缅铁路得以采用米轨，正如王节尧料想的那样，这一设计从很大程度上加快了这条铁路艰难前行的速度。

在重重叠叠的山岭之中，不知有多少个不眠的夜晚。工程局办公室的窗外，是用最原始的肩扛背驮方式开山辟地的云南人民，窗内则是在灯下伏案绘图的王节尧们。那座山一定知道，那盏灯也一定知道，以王节尧为代表的工程师们，是怎样为了滇缅铁路工程的顺利前进而彻夜工作。为避免过深的山洞和过长过高的山谷旱桥，他们抛开优秀工程师倾向于采用先进技术的情结，因地制宜地"笨做硬做"，宁愿填土不愿架桥，宁愿开山不愿凿山洞，力求减少堤垣工程，尽量避免设计新颖的建筑。只要能节省那些从千里之外运送来的水泥和钢材，只要可以缩短工程的路线，他们都优先考虑。愚公移山的精神、精卫填海的志向，唯有在这条山路崎岖、瘴疠横行、马拉人扛的滇缅铁路上，表现得淋漓尽致！

王节尧因地制宜的铁路设计才能在他任胶济铁路工程师时亦有很好的

---

① 王节尧. 滇缅铁路工程之设计及建筑[J]. 交通建设，1943，1（6）：9.

体现。当时，中国铁路上的钢轨防爬器主要靠从英美等西方国家进口，单是胶济铁路从 1926 年到 1934 年就采购了 8 万副防爬器，耗资甚多，但仍存在防爬力不够、易受损遗失等种种问题，防爬器更换拆卸为数众多，造成了资源的浪费。为了解决钢轨发生不规则移动而影响行车安全的问题，王节尧对 5 种钢轨防爬器的使用利弊进行了研究。经过对比，他巧妙地改进了防爬器的设计，利用旧桥上的残废角铁，制成"工务第一段式钢轨防爬器"。这种改进后的防爬器的防爬力强大持久，可重复使用，且装拆简便而不易遗失，很好地弥补了英美防爬器的弱点。更可贵的是价值低廉，利用废角铁即可改制，每 100 公里可节约 32000 银元，即使是完全用新材料，其造价也只有英美进口的一半，每 100 公里可节约 60000 银元。当时的旧中国资源都很匮乏，铁路上的工程师们以最大的节约做成最好的事为荣，用王节尧的话来说，对防爬器设计的改进，在于阐明"一切工程建设，有时可利用旧料，以杜浪费"①。不仅如此，他还运用弹性理论，为胶济铁路设计了总长为 256 米、下承式八孔的钢筋混凝土拱桥，成为中国最早采用这种理论设计建筑铁路拱桥跨度最长的人。

王节尧靠着自己的努力苦干和独特的设计洞察力，由津浦铁路及美国桥梁公司实习生做起，逐步由工务员、帮工程司升至正工程司、副总工程司及总工程司。民国时期，他曾任铁道部技正、交通部公路总局第三区公路工程管理局局长、交通部公路总局副局长。1952 年，王节尧在由山东大学改组的青岛工学院任土木系主任、教授。

"重时敬事"是王节尧的座右铭。他常以这四字勉励自己和身边的人，这也是他所看重的做人基本品质。小到修身齐家，大到治国平天下，都要有"重时敬事"的精神。从最东边的青岛到最西边的密支那，从最北的北京到最南的广州，他一刻不停地奔波。对于王节尧来说，铺路修桥是有利于国家人民的好事，只要有一份力量，就要苦撑到底。他所铺过的路，所修过的桥，如他对母校的深深眷恋，将永远铭记在人们心里。

---

① 王节尧.胶济铁路工务第一段式钢轨防爬器.工程：中国工程学会会刊，1934，9（5）：577-582.

中印油管篇

在战争中催生的油管

> 历史多么无情而又有情,不遗忘每一个对历史的贡献,也不宽容每一个对历史的障碍。
>
> ——范文澜

比起二战时期修建的著名的史迪威公路(中印公路)和驼峰航线,这条全长约 3000 公里、横跨中缅印三国的中印油管却鲜为人知。中印油管也被称为 ABC 油管,A 代表印度的阿萨姆邦(Assam),B 是指缅甸(Burma),C 是指中国,全长约 3000 多公里。中印油管西起印度加尔各答,经阿萨姆邦,沿着著名的史迪威公路过缅甸,一直到云南昆明。1943 年 12 月,中印油管建设开始动工,1945 年 4 月油管进入昆明,5 月 5 日宣布完工,11 月停止输油。在工作的 7 个月中,约 10 万吨油料经这条油管被输送到中国,为盟军最终在亚洲大陆打败日本侵略军起到了重要作用。据美国官方统计,在油管铺设的施工中,美国工兵、印度军队、中缅印当地劳工的出工量达到 200 万个人工日。

据资料显示,在建设这条为抗日战争全面胜利做出不可磨灭贡献的油管过程中,西南交大人的身影屡屡出现。我校 1923 届杰出校友、滇缅公路工程局局长龚继成兼任油管工程处处长,副处长为我校老校友朱国洗,四位总段长中的第四总段长为我校 1937 届校友刘邦闻,十二位分段长中有 6 位是我校 1939 届校友,其中包括土木系周炎林、林作燕……这一群心怀天下、保家卫国的交大人,在敌军的轰炸中、在原始丛林的瘴气中、在猛兽的嘶吼声中,用青春、鲜血甚至生命浇筑这项伟大的抗日工程,他们用不畏艰险、气壮山河的精神诠释了"竢实扬华,自强不息"。

雪泥鸿爪、雁过留声,逶迤在丛林、峭壁、沼泽的油管见证了多少人的汗水、泪水,演绎了多少鲜为人知的悲壮故事……

中缅印战场的失败

1939年，第二次世界大战全面爆发。1940年5月，在德国机械化部队的快速猛烈攻击下，英法联军丢盔弃甲，在法国东北部港口小镇敦刻尔克进行了当时历史上最大规模的军事撤退行动。这次撤退行动，标志着西欧除英国、瑞士和西班牙以外的主要地区落入德国之手。

作为老牌的帝国主义国家，英国即便经历了敦刻尔克大撤退，却仍然坚持"绥靖"政策，幻想用两面手法讨好日本，从而保全自己在远东殖民地的大后方。1940年7月18日，英日签订封锁滇缅公路三个月的协定，阻止中国抗战救援物资从缅甸运往中国。然而，同年9月，日军依然入侵越南、并与泰国签订合约。这一举动直接威胁到英国在东南亚殖民地的安全。于是，英国于1940年重开滇缅公路，并开始派遣英国军人赴中国学习中国的游击战术。

1941年1月，英国政府与国民政府协商，成立了"中国、缅甸、印度、马来西亚军事考察团"。考察团于2月出发，经过三个月的考察，编写了近30万言的考察报告书，主要为中缅印共同防御计划草案。

1941年，第二次世界大战战局进入新的阶段。1941年6月，德军入侵苏联，苏德战争爆发。1941年12月7日，日本军队出动6艘航母和350余架飞机偷袭美国在太平洋夏威夷群岛上的重要海军基地珍珠港，在两个小时内炸沉炸伤美军舰艇40余艘，炸毁飞机200多架，导致2402名美军阵亡和1282人受伤。时任美国总统罗斯福第二天宣布这一天为国耻日，并对日宣战。太平洋战争爆发并没有让日军对东南亚的侵略放缓脚步，同年12月10日，日军同时在菲律宾和马来西亚哥打巴鲁登陆成功。两天后，12月12日，日军强渡柔佛海峡，进攻马来半岛和新加坡。12月23日，日军空袭仰光，拉开了日军侵缅的序幕。

虽然1941年底，在经过详细考察后，中英军事同盟已形成。但是，由于英国人既想让中国军队为其在东南亚战场保驾护航，又怕中国军队进入后不利于其殖民统治。所以，直至1942年2月，缅甸仰光被日本军队占领4天后，英缅军队在日军的强力攻势下逐渐不支，才被迫请求中国军队入缅。

国民政府将第5军、第6军、第66军组建为中国远征军，十万将士走出国门，抗击日寇。

由于英印军队战斗力很弱，慑于日军威力，丧失斗志，他们表面上要和中国军队共同防御缅甸，骨子里则是执行英政府"弃缅保印"的方针，急忙向西北往印度撤逃。在撤逃途中，英军常被日军阻击，要靠中国军队急驰救援保护。由于英军的居心叵测和我军指挥失当，在远征军进入缅甸战场的3个月中，缅甸仰光、同古、腊戍、曼德勒、密支那相继失守。1942年5月3日，日军占领我国云南省畹町，4日占领遮放、芒市和龙陵，5日抵达怒江天险的锁钥之地——惠通桥，企图一举攻下保山，挺近昆明，南北合围重庆。此时，我国上海、武汉、广州等地皆被日军占领，海上物资补给线已经被切断，而滇缅公路是中国唯一的海外援华补给线，沿路成千上万吨的援华物资，加上远征军的大部装备，全部沦入敌手。千钧一发之际，为了保证西南大后方的稳固，我国远征军工兵总指挥部不得不忍痛炸掉惠通桥，切断了滇缅公路。

"一滴汽油一滴血"

"一滴汽油一滴血"，是中国抗战时期汽油匮乏的真实写照；

"一滴汽油一滴血"，是汽油作为抗战决胜物资被运往中国的艰苦历程的反映。

1937年，日军开始全面侵华。为了坚定中国抗日的信心，也为了让中国战场成为牵制日军主力的泥潭。美、英等盟国逐渐加大了对中国的援助力度，各种军用物资源源不断涌进中国，其中所占比重最大的就是汽油。而在1938年建成的滇缅公路上，装载油料的车辆不停地在上面穿梭，尽管成本很高、运输车辆途中耗油量可观，但为了维持抗战前线的现代化军事装备运转，以"南侨机工（南洋华侨机工回国服务团）"为骨干的司机义无反顾地来回往返于这条千回百转、峭壁丛生的公路上。

当时的中国是一个贫油国，所有的抗战用油都依赖进口。当七七事变发生后，为了迅速占领中国，日本在军事侵略的基础上，还辅以经济封锁，试图切断中国的外援。战争一开始,日本就立刻发表了封锁中国沿海交通的宣言,先是对东南沿海进行封锁,继而扩展到整个中国海岸线;先是禁止中国船舶在中国领水与公海航行,继则禁止一切第三国的船只在中国航海航行。随着沿海地区的沦陷,中国国际交通线相继中断。所以,当1942年滇缅公路被切断后,中国成为了瓮中之鳖,军事物资的匮乏到了绝望的境地。事已至此,盟军不得不启动驼峰计划,陈纳德将军的飞虎队飞越驼峰押送援华物资。然而,这一举动的代价异常高昂。

西南抗战史学专家胡文义在《中印油管》一文中描述了当时空运汽油的昂贵代价:"据报道,自川西空军基地起飞轰炸日本的重型轰炸机'空中堡垒',因耗用油量过大,缺乏足够的储备汽油,不能随时出击。轰炸日本的飞机用油,须先从印度运到四川西昌,运油飞机本身消耗大量汽油,运输机从印度起飞时,油舱已装满,汽油在去来一趟耗用后,只剩下20%至30%,一架飞机要来去印度一星期才能储存够一架'空中堡垒'轰炸日本一次之用,影响了军事的进展。"①

现在的我们可曾想到,抗战时期的军用汽油竟是"血红色"的。为了让大家节省、爱惜汽油,国民政府曾提出了"一滴汽油一滴血"的口号,军用汽油被调成醒目的血红色与之映衬。当时,中国的各种汽车不多,缺乏油料支撑,国民政府倡导大家改用木炭、酒精、植物油等燃料。滇缅公路中断后,各种油料价格蹿升,供应短缺,西南地区的酒精厂纷纷涌现,酒精产量大幅增加。但酒精燃烧供能与汽油相比,差距实在太大,而且酒精也逐渐供不应求,于是只好在汽车上改装炭炉、煤炉。但这些替代燃料对汽车的零件损坏较大,当汽车出现故障后,还需要向国外进口。种种原因,导致当时汽车使用效率下降,运输能量锐减,直接影响了对抗日本帝国主义侵略的战事进展。

龚继成与呈贡机场的建设

1941年,克莱尔·李·陈纳德将军率领航空志愿者来到中国,运送抗

---
① 胡文义.中印油管[M]//杨实.抗战时期的西南交通.昆明:云南人民出版社,1992.

日物资。1942年2月,日军占领缅甸仰光后,原本从仰光飞往昆明的飞机必须得改从印度的汀江和萨地亚机场飞向昆明。

同时,随着日军在东南亚侵占步伐的加紧,盟军对中国支援力度越来越大,开往中国的飞机越来越多,机种也不断增加,昆明原有的巫家坝机场也已不能满足需求,需要新建军用机场。于是,国民政府决定在昆明附近的呈贡建设新的机场,并委任龚继成为呈贡机场施工委员会主任委员。龚继成上任后,立即组织施工队伍进驻工地。施工前,龚继成和几位技术骨干在昆明拜访了陈纳德将军,听取他对新建机场的建议和要求。为了满足重型轰炸机的起降,陈纳德要求机场跑道能承受较大的冲击力,长度应达2000米,机场要建有若干机库,供飞机维修和存放零件。陈纳德希望呈贡机场建成亚洲一流的军用机场,并盼望能早日建成。同时,龚继成还听取了飞行员对新建机场的要求与建议,飞行员多数希望能在机场附近建设较为舒适的宿舍和娱乐场所。

为了更好地完成机场的建设,龚继成驻守在工地上亲自指挥。经过测量,龚继成确定了跑道的走向和跑道的起始点。当时昆明缺乏水泥和推土机、压路机等施工材料和机械,龚继成和张海平工程师经研究后,决定采用在泥土中掺拌石灰并加厚跑道厚度,利用分层夯实的方法来增强跑道的承载力。龚继成组织众多民工挑运泥土和碎石,同时调集大型石碾用人力牵引来压实跑道。石碾直径约1米,重量约3吨,在松软的土路上滚动需要很大的牵引力,用石碾滚压跑道是机场施工中劳动强度最大的作业,需要40多人分成左右两排用很粗的纤绳来拉动石碾前进,并且在跑道两侧都打有标志施工控制高度的木桩以保证跑道在横向和纵向上都位于水平状态。此外还需要两个人掌舵,按照前方人员的指挥调整前进的方向。在烈日中,民工们卯足了劲,为了抗战而不畏艰苦。

经过63天的紧张施工,施工队提前完成了具有2公里长跑道的军用机场。呈贡机场在很大程度提升了"飞虎队"的空战能力和空运效率,同时改善了飞机的维修条件。他们还在离跑道不远处修建了12个机堡,机场周边建设了宿舍、小卖部、理发店、篮球场等服务设施。

当日军占领缅北重镇密支那后,日本的飞机不时从密支那机场起飞拦截飞向中国的运输机。以往从印度汀江机场飞向昆明的飞机多次被击落。

为了减少损失，航空队不得不开辟新的航线。经过研究，将航线北移，越过喜马拉雅山、高黎贡山和横断山脉，沿途群山起伏，状如"驼峰"，故称为"驼峰航线"。呈贡机场也被称为"驼峰机场"。驼峰机场通航之初的抵达站和货物集散地主要是昆明呈贡机场。

飞机飞行在驼峰航线上，对于飞行员来说，是一场生死考验。在航线上，山的高度一般海拔在 3500 米至 6000 米，深涧峡谷多，怒江、澜沧江、金沙江在崇山峻岭间穿过，并且野人山地带有大片的原始森林。据老飞行员介绍，由于地形复杂使空气流向不稳，急剧上升或者下降的气流在一瞬间可以使飞机升降几十米甚至几百米。而且气候变化莫测，夏秋季节雨季时间长，常有浓雾，有时候能见度几乎为零。雨季常伴有强烈的大风，风速有时可达每小时 200 公里。如遇到逆风时，飞机就像停留在空中不动似的。在雷雨季节，密集的云朵凝结成冰，形成"冰幕"最为可怕，如飞机被冰幕包围就很难脱险，屡屡发生飞机坠落事件。

"机舱设备很简陋，不像客机，而像一个仓库房，空空如也，无坐凳栏栅，我们数十人龟缩并排坐在空荡荡的机舱里。一起飞后，感到寒冷，盖上一条毛毯，随即失去知觉而'睡'去（大概是升高缺氧的关系）"，"飞机飞得很高，对我们几个单衣之士，真是高处不胜寒。蜷缩在机舱一角的地板上，飞行振动颇剧，振冷交加，麻木、抖颤、刺骨，全身并至，无以言状。"这是一位乘坐过军用运输机（机型是道格拉斯 Dc—3）的翻译人员的回忆。

据资料记载，从 1942 年 5 月"驼峰航线"开通至 1945 年抗战胜利为止，美国空运大队从印度运到中国各种物资共 65 万吨，中航飞机从印度运到中国物资共 5 万余吨。美国损失飞机 563 架，中国损失飞机 46 架。在驼峰空运期间，有 1579 名美国飞行员英勇捐躯。他们的名字和英勇事迹将被后人永远铭记和怀念。

交大老校长郑华曾在抗战前建议修建中缅油管

据陆安先生考据，早在 20 世纪 30 年代，交通大学唐山土木工程学院（即唐山交通大学）老校长、津浦铁路工程师郑华就曾提出修建缅甸至重庆国际输油管道的建设方案。① 郑华（1887—1960年），原名辅华，康奈尔大学工学博士，著名的铁道工程专家，设计并主持建造了第一座黄河大桥，曾主持南京—浦口轮渡的设计施工。历任山海关桥梁厂厂长、京赣铁路局局长、铁道部简任技正（即总工程师）等职务，1929年5月，郑华继孙鸿哲出任交通大学唐山土木工程学院（即唐山交通大学）院长。1929年9月卸任。

20世纪30年代初期，中日全面战争一触即发，已经前往津浦铁路任工程师职务的唐院老校长郑华对于可能面临的民族危机感到万分焦虑。他预言如果战争爆发，沿海通道将会被全面封锁。针对这样的情况，具有很强的学术背景和实践能力的郑华，通过认真的考虑与研究，提出了一个大胆的方案来抵抗沿海封锁——从缅甸腊戍开始，修建一条油管，直至中国重庆。这条中缅油管的方案为：从缅甸仰光的运油船上将油卸下，通过火车将油运送至腊戍，再通过腊戍的油管，经昆明、贵阳等地直至重庆。

在郑华的方案中，这条"本土创意"的中缅油管全长2256公里，采用3英寸和4英寸两种口径的油管。从缅甸到贵阳段，采用4英寸管；贵阳到重庆段，采用3英寸管，沿途设站管理，匹配了50匹马力抽油机50部，分段加压抽油，建成后，预计每天可输油料400吨，足以满足西南地区万辆汽车的油料供给。

郑华还做出了一套详细的计划：2个月将材料设备准备到位，同时将铺管工程线路分为10段，同时开工，从开工到输油，整体需要6个月。而在资金方面，油管及运油专用车辆需要进口，共计650万美金；国内安装则以法币结算，工程费17 000万元，管理人员工资及管理费2 200万元。

陆安先生的《中印油管：托起抗战胜利的希望》②一文记载："1937年5月5日，郑华的方案呈送至行政院，行政院批交经济部审议，最终未被采纳。10月6日，郑华直接将建议呈送军事委员会运输总司令部，该司令部经过讨论，提出7大质疑，郑华一一作了书面解释，该司令部遂将其一并转交交通部审核，交通部征询了美国顾问谢安的意见，认为一无此财力，

---

① 陆安. 中印油管：托起抗战胜利的希望[J]. 文史春秋, 2014（8）: 15.
② 陆安. 中印油管：托起抗战胜利的希望[J]. 文史春秋, 2014（8）: 15.

二未必能征得英缅当局同意供油，只能留待后议。1940年10月，郑华干脆直接将自己补充完善的方案呈给蒋介石。蒋介石倒很是认同，指派财政部长宋子文与美国洽商，请求美国派遣专家提供技术指导，并提供部分贷款，似乎一线曙光出现。美国政府出于全球战略考量，同意支持，派专家霍尔等人来华，在滇缅公路沿线考察后，决定先铺设由腊戍至昆明段的油管，此段全长1146公里，技术、资金、油源等均由美国协调解决。但是，就在中缅油管紧锣密鼓筹备之时，日军1942年2月占领仰光，中国通过仰光出海的通道被彻底截断，中缅油管计划只能搁置。"

从计划上呈至最终同意修建，3年的战略时机被白白浪费，本可在战前解决油料短缺问题的绝佳方案也在不断地被否定与阻挠。在这3年的时光里，郑华——这位唐院老校长，为了国家前途、民族命运一直忧心忡忡，为了中缅油管的建设不断奔走。

被称为"人猿泰山计划"的中印油管工程

中美协商共建中印油管

这条当时世界上最长的成品油管线,西起印度的加尔各答,经布拉马普特拉河流域及帕特卡山脊、丁江到利多,到利多后,沿中印公路进入缅甸密支那、八莫,从畹町再沿滇缅公路到达终点昆明。

1943年8月,距离滇缅公路被切断后1年零3个月时,终于,中、美、英三国在加拿大魁北克召开会议,决定沿着中印公路走向,铺设从印度加尔各答至中国昆明的便捷的输油管道,当年12月从印缅境内和中国境内同时开工。印度、缅甸境内的油管铺设工程由美国陆军建筑队承担,中国境内的由中、美双方负责。

(随滇缅公路铺设的油管。朱正安摄于滇缅抗战纪念馆)

经过协商,所有钢管、泵站设备、可拆卸油罐等由美方供应。工程材料由我方就地购买。技术力量由美方配备,辅助工从当地雇佣。美国派遣工兵,中国成立保密公路新工总处油管工程处,隶属于国民政府军事委员会战时运输管理局,相互配合。而油管工程处的处长则由我校杰出校友龚继成担任,他负责与美方商定油管勘测、铺设事宜,以及人员培训和制订进度计划。

除了处长由我校校友担任,当时油管工程处到处都有交大人的身影。据我校1939届校友周炎林回忆,油管工程处副处长朱国洗是唐山老学长。朱国洗老学长曾在英国研究电焊与桥梁,是伦敦大学的工学博士。油管工程处下设四个总段,第四总段总段长为我校1937届校友刘邦闻;十二个分段长中6位是我校1939届校友。油管工程处的待遇颇丰,据我国测绘专家、参与中印油管滇缅段测绘工作的高时浏先生回忆:"油管工程处所给的工资很高,比大学教授或系主任还高。"① 当时除了工资外,其他工程所需的先进器材以及野外工作人员的午餐均由美方供应,所有的衣(美式军服)、食、住(帐篷)、行(吉普车)全是供给制。

为什么要将油管建设在印度的加尔各答呢?原因在于看中了那里的港口外运优势,方便远洋油轮装卸物资,原油运输量也会大大增加。龚继成先生与美方商定这条油管的起点为印度加尔各答港坞内巨大的油运船,从船上将油灌进油管,向中国输送。

中国境内的油管施工由中方组织实施,请美方派工程技术人员来华进行指导。油管工程处成立后,副处长朱国洗、童大埙、张元恺分工负责油管线路勘测施工和人员培训。油管铺设前,需要进行线路勘测施工。当时,滇西还在日军的占领下,因此根本不可能大规模铺设油管。油管铺设是技术性较强的工作,大部分人员对此还缺乏经验。为了保障工作顺利进行,油管工程处在保山举办了专业的培训班,让中美双方工程师培训油管的铺设技术、维修技术以及在输油方面的专业知识。不仅如此,油管工程处还派学习小组到印度实地考察,学习油管的铺设技术与经验。

油管由美国制造,重量较轻,二人可扛一节。油管为无缝钢管,管壁

---

① 高时浏,戈叔亚.忆中印油管的测设:这世上只剩下我一人了[J].地图,2009(6):60.

分为薄厚两种，薄的口径有 4 英寸，厚的口径有 6 英寸；薄管两端有一凸起环口，相连两管以耐油的合成橡胶套住，无需焊接，外加专用护扣扣紧，接口密封性能良好，具有灵活性，便于施工和保养，这款油管用于人烟稀少的山地，接好后不挖沟槽，也不需要拿土掩盖；厚管则要用在有农作物的地方、村落附近以及跨路点等处，必须要用电焊焊接放在深浅不一的沟槽中，还需要用土进行掩埋，保证油管的安全。油管每节长 20 英尺，每公里需要 164 节油管，总共需要 492 000 节。油管节与节之间以螺栓拗紧，再用电焊密封紧固，保证无泄漏。油管多数铺设在地面上，少数掩埋在地下。中印油管所用的是轻便式的一种，可以很快地铺设起来，也可以很快地拆除运走，有许多自动开关的活门和调节油量的装置，据说这种轻便式的油管还是当时最新的发明。

据参与中印油管铺设，在油管工程处任职的我校校友周炎林回忆：1944 年，美方开始空运钢管和泵站等器材，存放在沿公路各机场，我方则开始采购当地材料。在相关资料的佐证下，我们看到，当时条件所限，公路被切断、海运被封锁，运输油管的相关材料非常困难。当时铺设油管的材料，得先通过飞机运往印度，再用汽车沿着正在修建的中印公路运输到各分段，分别铺装。当时，为了将材料尽快运送，奔驰在中印公路上的汽车不得不超载前行。由于中印公路多为山路，因此卡车的零件折旧速度惊人，一套刹车系统最多一个月就会坏掉，而刹车片在当时也是个稀罕物，很难买到。中印公路上多山路、多峭壁，一旦遇到卡车开不过的地方，就必须要人拉肩扛，穿越山岭，将铺设油管所需物资送到相应位置。参加油管建设的美军 Ray O. Howard 军士在一篇文章中介绍说："输油管建设初期，工具和物资供应困难，甚至连扳手都没有，工兵用一英寸的钢管制作扳手，用手推车把钢管运到汽车无法通行的深谷丛林中，然后一捆一捆堆放着。"[①]

艰苦卓绝的"丛林会战"

山谷、河川、密林……沿着中印公路走向，油管所经之地环境非常恶

[①] 戈叔亚.中印油管二[EB/OL]. http://blog.sina.com.cn/s/blog_4d9e1cca0100aqm4.html.

劣，尤其是要经过密林高耸、瘴气遍布、猛兽出没的原始森林地带的野人山。不仅如此，修建过程中，除了要克服自然环境带来的巨大考验，还要提防日军的轰炸，修建中印油管可谓二战史上一场艰苦卓绝的丛林会战。提出从印度反攻缅甸和修筑中印公路的美国著名二战军官史迪威将军曾将中印油管工程称为"人猿泰山计划"，可想而知，当时修建油管委实不易，人需如猿猴一般穿梭于茂密的原始森林铺设油管。

铺设油管需要大量的人工。据资料显示，铺设中印油管共用了200万个人工日，其中美国工兵的工作量是100万个人工日，中国、缅甸、印度劳工的工作量也是100万个人工日。"油管工程处"在印度就地征募了7000多名劳工，而在中国征募的具体劳工数目不详。据中国驻印度新一军翻译官王伯惠在其回忆录《中印公路是怎样打通的》中记述："中国境内则由美军技术人员协同中国军事委员会战时运输工程局组织军工2 000人和民工万余人负责施工。"

要保障中印油管的顺利铺设，人力问题就得解决。因此，招募劳工是一项重要工作。据我国测绘专家、参与中印油管滇缅段测绘工作的高时浏先生回忆，他当时的主要工作就是负责在穷乡僻壤的山沟里面招募民工。"当时的云南，尤其是滇西，地形上高山峻岭，跋涉困难；气候上瘴气四伏，疟病常生，居民体弱多病（多为疟疾和炎症），所以招工非常困难。当时国民党政府对招工有如下规定：每乡或每村强派若干名额的民工，工作若干日。工人应自背行李及口粮，完工后工程队应立即支付工资，但有的工程队（如公路、电讯等）会贪污工资，更谈不到对他们健康、疾病的照顾。美军了解了当地流行的疾病，规定施工队向民工赠发一定的消炎和治疟的药品，如消炎片和金鸡纳片。每日开工时，由美军士兵和高时浏共同按人点名，美军签了名后由我们上交给工程处，最后汇总，由美方结算支付工资。高时浏当时先向贫困的农民慰问疾苦，先给他们看病施药（这些药品在抗战时期即使在城市也难买到，何况乡下农村），药到病除，因此很多劳工愿意来他处报名。"[①]在民工待遇方面，据说在中缅印战区，但凡有美国

---

① 高时浏, 戈叔亚. 忆中印油管的测设：这世上只剩下我一人了[J]. 地图, 2009(6): 62.

人介入、由美国人投资的建设项目，工资优厚，准时发放，甚至为了避免中间环节有贪污中饱私囊，还日清日结。

面临的复杂环境是中、美、印、缅的工程师、工兵、劳工们铺设这3000多公里油管时受到的最大考验。1943年12月，油管开始动工，但当时滇西还处于日军侵占中。勘测人员只能在枪林弹雨中进行勘测。边反攻、边修路（中印公路）、边铺油管成为当时滇西的宏大场面。

曾经有一幅图片展示了当时的情况：在密林中延伸的一条轻便轨道上，一辆载满标准油管的平板运输机车正在行进，车上全是美军工兵，炎热潮湿的气候，让这些美国大兵脱掉了上衣，带着施工用的大手套，正在忙碌。耐人寻味的是，车头赫然架着一挺高射机枪，随时准备开火，反映出当时铺设油管是在危险的战争环境之中进行的。

除了战争环境，自然环境也为油管铺设设置了巨大的障碍。油管在加尔各答的起点是海平，到雷多也不过海拔130多米，再往前爬上野人山，就随着中印公路盘旋于崇山峻岭之间，忽而上升，忽而下降，有时因为公路曲折太大，又另走便道，采取直线，架过几里路后，再与公路会合；有时因为迁就地形，不得不深深地埋在地下，或是高高地架放在木桩上面。

在印缅境内，地理环境极度复杂。有资料记录，在1944年5月，缅甸新平洋和丁加克之间，工兵要抢在雨季到来前通过21公里的沼泽地。因为白天中印公路要运输大量的一线军用物资，所以铺设管线的部队只能晚上运送油管，工兵和劳工把油管放到卡车上慢慢通过桥梁，然后扛在肩上蹚过齐腰的泥水，在小船上对接管道，再沉入沼泽……油管延伸到孟拱河谷时，这里连续下了45天的雨，工程师、工兵和劳工依然每天工作12小时，衣服几乎没干过，一双皮鞋最多只能穿一个星期，衣服在防水袋里都能发霉。很多工兵因为疟疾、痢疾和斑疹伤寒而病倒，加上各种丛林昆虫的袭扰，建设者减员很多。这种状况下，数以千计的工兵和劳工努力让设备工具保持良好的状态，他们扛着拆卸下来的油泵站和设备一步一步运送、安装到预定位置。

而在中国境内，油管所经之地地貌也不简单，既要越过海拔3000米的横断山脉，又要跨过水流湍急的澜沧江、怒江，甚至还要经过无人区。施工队只能在无水、缺盐、无蔬菜的生活条件下工作，美方人员吃罐头，中国职工吃粑粑、饭团。当油管需要铺设到丛林深处时,中国工人要先以刀斧开路,驱走毒蛇猛兽;在离村庄和公路较远的地方,夜晚不能回宿,美方人员建起了帐篷,中国职工只能烤火驱寒,次日仍能精力旺盛地工作。中方职工能适应艰难环境,在羊肠小路上扛起一根近百公斤重的油管平稳行走,而美方人员空手步行尚感危险。油管开始铺设时,美方要求我方每天完成 6 公里,而我施工队以每日铺设 15~20 公里的进度向前铺设,得到了美方的赞扬。加之美方只输送不铺设,在缺乏机械操作的情况下,很多工程是中国劳工纯手工完成的,这让美国大兵对中国人吃苦耐劳的精神刮目相看、深感佩服。中美合作铺设油管的全部工程中,因气候恶劣、疟疾流行,各工程队虽配有医务人员和药品,患病缺勤者仍很多,美方因病死亡有 6 人,我方死亡 12 人。

(滇缅抗战纪念馆中关于油管铺设的油画作品。朱正安摄)

在铺设油管时也特别注重输油过程中的安全问题:管道与公路一级中、大型桥梁尽可能保持一定距离;尽量避开居民点,在沿河的公路路段,公路一侧如有接道,管道必须铺在另一侧,路管间要保持一定距离,有的管线要离开公路另辟蹊径。尽管特别注重安全问题,但是在施工和输油过程中,美方还是有多起伤亡,其中一位士兵在修理漏油和管子接头时,汽油流到一农户家,火星导致了油气爆炸。这位美国士兵被烧焦,当场死亡,惨不忍睹。在山地上的油管铺设在山脊上，避免滑坡或泥石流损坏油管。管道如跨越较大河流，则需在两座山间架设吊桥，桥上分别铺主管道和备用管道，以免山洪暴发输油中断。铺主管道的小吊桥上铺人行板，供护管及抢修之用。1945年4月底，澜沧江发生50年一遇的洪水，主管道被冲走，备用管起到了预期的作用。

在中印油管的线路中，密支那至昆明这一段原计划是由密支那进入中国境内后沿着腾冲、保山这段中印公路走向铺设。但由于中国驻印度远征军攻克了缅甸八莫，战局好转，国内远征军又攻克了芒市、畹町，同时美方的铺管部队已将油管铺装至畹町附近，因此中美双方共同决定将中国境内的油管南移，改在畹町接管，顺着原滇缅公路铺至昆明。在中国境内油管施工前，我校校友、油管工程处处长龚继成就亲自审查了油管线路的走向。经过研究，施工队在多处地段采取截弯取直的定线技术，而在很多公路弯道处，油管不随公路弯道，改为直向铺设，这样就减少了油管的铺设长度。由畹町至昆明实际铺设长度为690公里，比起畹町至昆明的滇缅公路全长959.4公里缩短了269.4公里，大量节约了油管和工务劳动，改进了质量、提高了效率，受到了美方专家莫尔斯中校的赞许。但截弯取直的铺设原则，更加考验我国工作人员吃苦耐劳的精神。需要截弯取直之处多为地势险要、峭壁丛生之地，在这些地方施工全部依靠民工和工兵用手搬、用肩扛，翻山越岭。

油管从畹町进入国境后，由于地处横断山脉和怒江天险，施工难度很大，尤其以澜沧江上架设油管最为危险。在澜沧江上铺设时，工程队员所能依靠的工具只有橡皮筏。澜沧江水流湍急，橡皮艇在江上犹如风中树叶。工程队员通过橡皮筏把工具和机械送至彼岸，再在江东西两壁距江边六七十米的半坡，各固定一道两排六根管桩，将跨越江面的钢绳用绞盘绷紧，然后在西岸逐节装接油管，套在钢绳的滑轮上，用绞盘牵引过江，完成油管铺设。

建设过程中，除了要铺设油管，还要在沿线建设加油站和油池。要想保证汽油从印度顺利运输至昆明，则要考虑到起伏的地势。由于这些起伏的地势会给予油管很大影响，油管工程处在沿线各抽油站分段加以大小不同的压力，使它保持一定的流速，以免上坡时流不动，下坡时流得太快，甚至将油管压破。除了要在抽油站分段施加压力，施工队还在沿线建了不少油池。鉴于保山是滇西抗日的指挥中心，既有滇缅公路交通设施，又有保山机场，所以油管附属设施较多，有18个加油站，另有9个油池。在龙陵境内有3个加油站和3个油池，每站有2台发动机，在畹町有3个油池，在永平有4个油池，在云南驿有4个。从澜沧江往东，地势比较平坦，油管经过祥云、镇南、姚安、楚雄、广通、禄丰、安宁七个县到达昆明。

　　1945年4月，油管铺至昆明，这项伟大的现代工程在战火纷飞的年代竟比计划提前了一个星期。究其原因，在于铺设油管时工程处将管线分成若干段，同时开工。并且，每个工程队配有6~8个工程师，工程人员高达500~1000人。铺设油管时采用了龚继成先生提出的截弯取直原则，提高了效率。再者，在印度境内铺设油管使用的是轨道车等机械施工，速度很快，1942年开始动工的中印油管，在印度境内1943年春便结束了铺设。

　　1945年5月5日，在油管开工整整一年半后，在华的美军供应部司令威夫士上将与缅甸战区美军司令维科尔上将发表联合声明，宣布中印油管全部完工。

　　"这条饱含盟军心血、凝聚不屈精神的成品油管运输系统整体包括：从印度的加尔各答、吉大港到缅甸的两条直径6英寸的油管，两条直径4英寸和一条直径6英寸的油管到达缅甸重镇密支那，两条4英寸的油管到八莫，一条4英寸的油管一直到中国的昆明，全线共设置35个抽油站，50个储油池。还有数百英里的支线分布在油管的加油站、储油库。全线使用油管总量超过50万吨。"[①]

供油7月便退出历史舞台

　　当中印油管全线接通、即将供油的消息传至大后方时，所有人都欢声雷动、倍受鼓舞。曾受尽了油料短缺之苦的中国，终于有了一条油料供给的生命线。1945年6月1日，在以水试输、流通良好的前提下，中印油管

---

① 中石油新闻中心. 探访中印油管的前世今生[EB/OL]. [2015-02-05]. http://news.cnpc.com.cn/system/2015/02/05/001527758.shtml.

正式输油。抽油输送、通信联络、油管巡查和管理,由美军联络处人员和滇缅公路油管工程处所属总段负责。中方沿线驻军也参与警备巡逻。

5月31日晚,一场欢庆中印油管通油的联欢晚会在昆明市篆塘新村举行。龚继成与在昆明的中美油管专家、工作人员都参加了联欢会。大家欢声笑语,用歌舞欢庆珍贵的油料源源不断地供应中国这一激动人心时刻的到来。

通油后,云南军用机场上的无数架飞机不停地起飞降落,那些因为缺油而难以使用的"空中堡垒"重型轰炸机可以径直飞向日本列岛,扔下一串串炸弹,令日本侵略者闻风丧胆;倍感萧条的西南公路"活"起来了,无数汽车再也不用担心缺油,它们可以疾驰在路上运送军需物资。解决了能源供应问题,也就解放了运输能力,大量原来用以运输油料的汽车和飞机得到了彻底的解放,可以腾出来运送更急需的物资,这对中国的抗战无疑是极大的支持。

中印油管的修建与通油,为盟军在亚洲大陆打败日本侵略做出了不可磨灭的贡献。1945年8月15日,日本宣布无条件投降,9月3日被定为中国抗战胜利日。经历了半个世纪被侵略的中国人,终于将最后一名侵略者赶出了国门,胜利的喜悦洋溢在每一位中国人的脸上。然而,这条因战局而修的油管该何去何从?这条凝聚着万人心血的油管要因为战争胜利而早早地结束自己的生命吗?

作为中印油管修建的主导者,美国以战争为由要停止中印油管输油。而蒋介石和国民政府则不甘心放弃这条输油线,不想放弃这条让中国摆脱了油料短缺难题的生命线。14年抗战后,中国百废待兴,离不开油料的支撑。经过近5个月的协商与交涉,美国坚持中止中印油管输油。1946年1月6日上午9点,中印油管停止输油。曾经鼓舞中国人前进、承载抗战胜利、充满生机的汩汩油料,从这一刻起停止了流动。

停止输油后,国民政府还撺掇当时美国在中国开办与油料相关的企业——亚细亚、美孚、德士古,联手向美国政府提出租用中印油管的决定。但由于中国时局变动,美国政府不愿意在此期间在中国事务上陷入过深,于是并未同意,坚持拒绝中印油管的使用。

这条当时世界上最长的油管,从全面通油到停止输油仅仅经历7个月。

修建这条油管代价高昂,但它寿命极短。其短暂地出现在历史的星河,但是贡献却极其巨大,令人感慨唏嘘。周勇在《从怒江峡谷到缅北丛林》一书中曾经发出这样的感叹:只有在战争的情况下,人们才可能会铺一条这样昂贵的不计成本的管道。这是战争时期的"经济学"!①

中印油管在有效运营期间,到底给中国输入了多少油料呢?据战后国民政府行政院编纂的《十五年交通概况》一书统计:自 1945 年 6 月起,每月由中印油管输入我国的油料为 18 000 吨,每天平均约输入 600 吨,1945 年 8 月日本战败投降,至次年 1 月停止输油,总共输油时间为 7 个月,输入汽油、柴油、润滑油等油料,约 10 万吨。用油管输运油料,半年输入的数量相当于滇缅公路用汽车运油一年半的数量,较之飞机空运之油量更为巨大。

值得一提的是,1945 年 10 月 18 日,长期奋斗在战时中缅印战区交通事业前线的龚继成先生,因血压突增,脑部溢血,抢救无效,与世长辞。这位杰出校友在担任油管工程处处长期间,鞠躬尽瘁,不畏艰险,勇挑重担,团结并带领大批工程技术人员在一线工作,亲自挑选线路,制定出了"截弯取直"的铺设原则,受到了广泛好评。

---

① 周勇,等. 从怒江峡谷到缅北丛林[M]. 昆明:云南美术出版社,2009:300.

曾经油管今安在？

昆明有处地方与当年的油管相关：中印油管从盘龙江上过，所修的桥就叫油管桥。时隔 70 多年，油管桥上再无油管，当年的木桥早已变成了现代化的水泥桥。

1946 年，中印油管停止输油后，油管就成了废品。当时极为现代化的油管、抽油机等设备被美国对外清理委员会仅按照废品的价格卖给了印度的一些贸易公司。而中国境内的管件和设备，除了被当地农民拆做零用之外，大多被拆运至甘肃，供正在紧锣密鼓勘探和开采油田的玉门煤油公司选择使用。曾经在抗战时期发挥重要作用的中印油管也逐渐淡出了人们的视野，走向了历史的深处。

在抗日战争全面爆发 80 周年之际，笔者查询了些许关于中印油管目前状况的图文，缅怀那段令人感慨的历史，缅怀为这条油管修建做出贡献的交大人。

那些近期拍摄的照片上，曾经崭新的油管早已锈迹斑斑。有些还继续沉睡在茂密的森林、沼泽中，无人问津；有的则被当地居民用作栅栏、电杆等，以另一种方式走入人们的视野。

中印油管是战争的产物。随着战争的结束，它就立即退出了历史的舞台，变成浩瀚史海中的一粒尘埃。那些曾经奋斗在油管建设工程中的交大人，也随着时间的流逝而变得鲜为人知。如今，可以考证的参与过中印油管建设的交大人只有龚继成、朱国洗、刘邦闻、周炎林、林作燕。当然，还有许多交大人曾为这场解除油料封锁的"战争"贡献了巨大的力量，只是我们再也难以考证。无论知名的抑或是不知名的校友，他们曾为中印油管所做出的贡献都应该被历史铭记，他们身上所秉持的"灌输文化尚交通"的专业追求和"文轨车书郅大同"的爱国豪情也将被一代代的交大学子传承下去。

翻译官篇

烽火硝烟中的大学生翻译官

抗日战争的胜利是中华民族团结一心取得的伟大胜利，为世界反法西斯战争的胜利做出了突出贡献，中华民族创造了世界战争史上的奇观。在这场伟大而残酷的史诗般战争中，历史铭记住一个又一个英雄的名字。但是，当我们重新回顾那段艰难岁月，仍有无数默默为抗战做出贡献乃至贡献出生命的普通人，这其中就包括淹没在历史尘埃里为抗战担任军事翻译官的大学生译员们。有人称他们为"译员"或者"翻译官"，还有人说他们是"抗战队伍里的特种兵"。在中缅印战区，如果说滇缅公路是联通中国战区和印度缅甸战区的生命线，那么当年的那些大学生翻译官们就架起了中国军队和盟军协同抗击日军的桥梁。在校大学生担纲战场军事翻译官是大学生投笔从戎参加抗日的一次壮举，也是中国高等教育史上的重要一笔。

今天，他们的名字或许早已被历史尘封，但是我们依旧要缅怀他们，感谢他们在青春的岁月里为民族、为历史、为后代做出的不可磨灭的贡献。

中缅印战区的开辟

日军发动太平洋战争后，中国与英、美盟军之间的军事联络和军事合作大大增加，美军通过"租借法案"向中国提供大量的新式武器、装备等军用物资。1941年7月，在国民政府战斗机和飞行员对日作战损失严重的情况下，中国对日空中作战已处于极度被动的境地，此时曾担任中华民国空军顾问的美军飞行员陈纳德接受国民政府的任命，正式担任新成立的中国空军美国志愿大队（俗称"飞虎队"）指挥员。"飞虎队"成立之初，国民政府高价为其配备了68架美式P-40战斗机、110名美国飞行员、150名美国机械师以及一些后勤人员。

然而，在当时的中国军队中，大多数军人不懂英语，盟军将领中通晓中文者更是少之又少。20世纪三四十年代的中国社会，因常年战乱导致经济极度落后，大多数家庭都衣不蔽体、食不果腹，更不要说通晓英语。一时间，美军援助的先进武器、装备等，因无人培训使用之法只能束之高阁，盟军派来的军事教官也因语言障碍导致开展工作相当困难。

为配合"飞虎队"以及加强和盟军的军事联络等工作，军事委员会决定面向社会尤其是重点大学征调军事译员。1941年下半年，军事委员会宣布组建"军委会战地服务团干部训练班"，俗称"战地服务团译训班"，因训练班的训练地主要在昆明，也称为"昆明训练班"，其主要负责征调英语较好的人员进行英语突击培训，一经培训合格旋即派往战区担任随军译员。

随着亚太战争的不断发展，日军在东南亚相继侵占越南、泰国、马来西亚、新加坡、印度尼西亚、菲律宾、缅甸等地。美英盟军因在缅甸战场节节失利，被迫退守印度。日军逼近中缅边境，妄图沿滇缅公路攻陷整个云南进而威逼重庆，中国抗战进入最困难时期。在国民政府与盟军的会商下，决定将缅甸、泰国、越南、印度与中国战区合并，成立盟军"中缅印战区"，由蒋介石出任最高统帅，任命约瑟夫·史迪威为中国战区参谋长和中缅印战区美军总司令。

1943年秋，法西斯意大利战败投降，苏军在斯大林格勒保卫战中取得伟大胜利，同盟国对轴心国的大反攻已箭在弦上。此时，亚太地区战场也吹响反攻的号角，盟军开始对日本侵略者发动反攻。在东南亚，中缅印战场业已开辟，大批美军来到东南亚战场，原有的译员队伍已远远不能满足需要，因此急需大批译员。为让中国战场拖住更多的日军，罗斯福政府进一步加大对华援助，来华美军也日渐增多。仅重庆、昆明等地就相继设立了数十个美军招待所。而在中缅印战区，为确保与盟军沟通的有效性，盟军在中国部队营以上的军事组织中，设有美军联络官，因此需要大批译员。

为了应对急剧增多的译员需求和强化对译员的培训，1943年，战地服务团译训班由军事委员会外事局具体负责培训。

但是，因为担任译员必须懂英语，所以限制了大量准备投身抗战的热血青年们，国民政府的征调效果并不理想，所征调人数远不能满足需求。

考虑到抗日战争全面爆发后，著名的高等学府如北京大学、清华大学、南开大学、交通大学、中央大学、复旦大学等均内迁西南，因此在国家民族存亡续绝的关键时刻，国民政府将征调译员的目标锁定在尚在著名高等学府就读的大学生们身上，随之将征调工作的重心也放在了高校。

  1943 年，军事委员会战地服务团制定了一个征调 3000 名译员的培训计划，1944 年制定的《军事委员会征调各专科以上学校学生充任译员办法》明确规定了征调译员的相关办法，规定："军事委员会为同盟国间军事联络之需要，特征调国内公私专科以上学校学生经短期训练后担任翻译工作；此项翻译人员，由军事委员会外事局或战地服务团会商教育部令饬全国各公私立专科以上学校，选送各该校在学男生应征之；专科以上学校学生均有被征调之义务，一经征调到会，即作服任辅助作战勤务论，不再另作动员召集，原校并须保留其学籍；每期开始征调训练时，由军事委员会外事局或战地服务团派员前往各大学办理遴选手续，或拟定试题迳行委托学校举行试验，由校将试卷连同名单及体格检查单封寄军事委员会译员训练班评阅核定，经核定录取各生由该班通知学校转饬前往指定地点报到，一面咨教育部备查。每期征调名额，由军事委员会外事局商请教育部决定之；征调之学生受训期满后，由译员训练班将各生成绩抄送原校。各生服务期满后，应呈缴服务报告，由外事局加以审查转送原校，其在军中能自修之课目，返校复学时经考试及格后酌给学分，并准酌予免习英文军训及体育；各大学四年级第一学期修业期满，学生应征服务满二年，而成绩确属优良者，准予发给毕业证书，仍作为原毕业年度毕业；被征调各专科以上学校学生充任随军通译人员，其服务期限规定为二年；学生经征调后，由译员训练班施短期训练两个月，除供给膳宿外，并给生活津贴；战事结束后，得择优保送国外留学（名额以不过译员总数十分之一为限）；学生须遵守各服务机关之规则，如有因故失经服务机关开除或擅自离校者取消其学籍。"①另外，还规定了服务期间的相关待遇："服务期间待遇及津贴：（1）译员一般分为五级，一级同中校，二级同少校，三级同少校或上尉，四级五级同上尉；（2）薪俸生活补助费分五级支给：一级最高月支国币 1090 元，五级月

---

① 教育部教育年鉴编纂委员会.第二次中国教育年鉴[M].上海：商务印书馆，1948：566-567.

支国币750元；（3）普通津贴：眷属米照规定按年龄报领，在国内之译员不分等级，每人月支勤务津贴1000元，并另给副食津贴；在印度服务者，伙食由公家供给，除照军政部支给印币津贴外，加发勤务津贴；（4）译员服装规定：发给夏季军便服两套，军常服两套，冬服一套。"①

教育部训令（第五八四五一号：令国立中央大学等校：令知关于修毕四年级第一学期课程充任译员学生毕业及复学办法令仰遵照）

在抗日救亡运动的感召下，无数青年学子积极报名应征。面向各高等院校的应征令一下，交通大学当仁不让在征调之列，教育部专门向西南联

---

① 罗天. 抗战时期重庆的军事口译活动[C]//连真然, 孔令翠. 译苑新谭：第四辑. 成都：四川人民出版社，2012：285.

合大学、交通大学等校分派了译员征调名额。

福泉山下投笔从戎

1937年，卢沟桥事变后抗战全面爆发，北平、天津、唐山等地相继沦陷，唐山交通大学的校园被日军占领。为了保存实力，学校带领师生从唐山辗转南迁，一路风餐露宿，跋山涉水，谋求救国复校。

1939年2月，唐山交大师生经过辗转最终抵达贵州平越（今福泉市）。平越坐落在藜峨山麓，犀牛滩畔，虽偏远闭塞，生活艰苦，但确是一处可以暂时远离战争、安心复课的"世外桃源"。

平越人民腾出了孔庙给交大作为教室，用当地百姓挤出的房子作为师生宿舍，学校在这里得以弦歌再续，继续为国家培育栋梁之才。黎明晨光熹微，读外语、背公式、上实验课，寂静的山城顿时沸腾起来。等到夜幕降临，在一间间简陋的校舍里，同学们借着一盏盏枯黄的桐油灯光在老师的指导下读书画图。

1943年秋，教育部和国防部外事局联合签署的紧急征调英文译员通告，张贴在了唐山交大平越校区破败不堪的张贴栏上。一时间，唐山交通大学的校园里同学们谈论的都是报考译员之事。

那时候在贵阳城和平越城里，经常可以看到一辆辆装满武器的军车疾驰而过，汽车由美国军人驾驶，副驾驶上常常坐着文质彬彬甚至有些清瘦文弱的中国青年，表情严肃而坚毅，时不时地会和美国军人用英语进行交流，这就是应征的大学生译员。每逢碰到这样的中国译员，看到他们履行国家使命的那份自信，唐山交大的学子们总是报以崇高的敬意，同时感受到那份自信和骄傲，期待着有朝一日自己能和那些译员一样，去担负那份责任。

战场的血雨腥风丝毫动摇不了唐山交大学子的拳拳爱国报国之心，他们纷纷应国家民族之所需，投笔从戎报考译员。

交大学子踊跃报考

征调英文译员，要求应征者有较好的英语基础，在当时的教育条件下，这个要求对大多数人而言已极高，但对长年以英文授课的唐山交大学子而言，可谓轻松平常。

创建于1896年的唐山交大，在一代又一代人的薪火相传下，形成了"严谨治学，严格要求"的双严传统，学校对英文要求极高，不但教材和行文或感想短文要用英文，有的老师还要求学生每学期用英文做若干篇课文阅读摘要，并在课堂通过英语问答方式考察其英文表达情况，这使得唐山交大学子的英语听说读写水平普遍较高。

唐山交大符合报考条件的同学们踊跃报考，原本只招考毕业生，但很多低年级的爱国热血青年也纷纷报考。根据战局形势，每次征调的考试时间、地点、考试方式等各不相同。

据担任译员长达三年的土木专业1943届（跨届）校友陈兰荪回忆，1943年秋的某一天，军事委员会外事局一批军官和两位美国军官直接来到交大平越校园征调译员，罗忠忱校长召集大四毕业生全体谈话。外事局军官进行征调动员，他谈到，对日抗战已经进入最后阶段，现在轮到我们主动出击把日本鬼子从我们的国土上赶出去，而最令人振奋的消息是我们的盟军美军已决定与我们并肩作战，其部队已源源进入中国战区。我们现在面临的一个重要的现实问题是，需要有人帮助两国部队作语言的沟通。经过军事委员会的慎重考虑，只有一条路，就是要求全国的大学生义不容辞地担负起这项神圣的职责，先从毕业班开始，希望全体毕业生都可以参加，但尊重个人意愿，不勉强大家。毕业生以服兵役的形式冲抵四年级的学分，服役期满就毕业。然后同行的美国上校军官上台讲话，说唐山交大学子精通中英两种语言，是国之栋梁，中美双方的领袖均欣赏交大学子的爱国情怀。参加译员的大学生享受一系列待遇，如军饷相当于国军上校级，一切供应装备与美军军官相同等。

据土木专业1947届校友陈越荫回忆到，报名的学子后从平越赶到贵州省会贵阳进行统一的英文考试，因时间紧任务重，考试安排在晚上。原以为考试会有一批外国教官相对而坐，进行口试、笔试，场面非常紧张，进入考试地点才发现，对唐山交大学子而言，考试方式很简单，没有口试，就像平时教授们布置的课堂作业一样，只要求用英文写篇短文，命题是"why do you choose to be an interpreter?"看到命题后，平日写短文时那种静心构思、悠然落笔的神态立刻消失了，考生们个个奋笔疾书，仿佛驱逐日寇的志向都转化到了笔尖之上，于是运笔如风，尽情倾吐。此时，城南大火未灭，红光透过窗子，照映在教室墙壁上，似无声的召唤：家国危难，民众奋起效力！现在如果能一读他们当年写下的应试文章，一定会发现每篇都饱含着深深的爱国情怀。

因形势紧迫，考试当晚即阅卷。报名的学子们在寒夜中连夜等待考试结果。跟平时等待期末考试成绩完全不一样，这次的等待如此漫长，等待中既有向往勇担"匹夫之责"的爱国之心，还有对烽火硝烟战场的未知担忧。考试结果于午夜发榜，参加考试的多数交大学子都被录取了。

录取者于第二天早晨五时集中，乘车去昆明译员训练班。五辆美军敞棚十轮卡车载着学子们离开了风雨飘摇的贵阳，驶入大西南的盘山公路，向云南进发。一路雨雾迷蒙，大家心情复杂，既为命运暂时有所托付感到些轻松，又对今后的生活和工作感到兴奋和茫然。

相熟的交大学子们在进滇的路途中相携相顾，在第三期译员训练班中，唐山交大的学子人数最多，近50人。据土木系1946届叶家骏校友回忆，1944年与他同时进滇的交大学子中他能记住名字的有：同班同学：周俊杰、言良士、丁珂、孙元圭、顾家鹤、周泽；同届同学：吴宝榕、杨真、肖克长、凌大伟、王祖诺、杨寿柏、陈元瑞、施鸿熙、杨大雄等；其他同学：曹吴淳、陈学甫、尚科、蒋学乐、陆孝铿、张玉纯、谭靖夷、俞孔棣、苏锵武、李道磐、祝寿嵩等。据不完全统计，仅1944—1945年，唐山交大学子报考译员的学子有近百人。

昆明训练班里的交大学子

昆明，这个西南边陲最大的城市，这里四季如春。著名的《义勇军进行曲》、如今《国歌》的作曲者聂耳就曾经生活在这里。中国工农红军的创始者朱德总司令也曾经在坐落于翠湖旁的陆军讲武堂学习过，这里也是抗战时期西南联大的所在地，译员训练班就设在此地。这里虽然有着美丽的风景和四季的花香，但怀揣着救国救民理想的交大学子们却无心顾及，他们和从中央大学、复旦大学、西南联大等其他高校征调来的大学生译员一起，到了昆明就立即来到军事委员会外事局设在昆明的训练班报道。

大牌云集的训练班

译员训练班设在昆明西郊的西南联大校内，每期所有译员分班，设班导师，采取军事化管理。授课者主要是内迁昆明的西南联大教授和美军军官。培训采用中英文双语教学，主要内容包括四大类：英语翻译学习与训练、军事知识、社会知识和军事训练演练。具体课程有：英文听写、中文英文对译等翻译类业务课程以及政治、国际情报学等政治类课程，还有各种兵器装备的结构、功能以及使用方法等军事课程。培训形式主要有课堂教学、报告会、讲话以及个别谈话等。为提高培训效果和培训质量，军事委员会外事局专门邀请各领域专家进行授课。据译员回忆，毕业于英国牛津大学的西南联大教授袁家骅讲授英译中课程，冯友兰教授受邀讲授中国哲学，美国教员有曾任蒋介石顾问、孙中山《三民主义》英译者的美国人毕范宇博士，中国教员中有担任过蒋介石翻译的王锡钧，一口地道牛津腔的何永佶博士、重庆国际广播电台的播音员彭乐善博士等，他们负责轮流到各小组对译员进行英语口译训练。

译员的培训时间一般为六周到八周，会根据培训情况相应延长或缩短培训时间。培训期间非常辛苦，每天都在八小时以上，早晚都要出操跑步，上午主要是课堂学习，下午是军事训练，晚上在教室自习。

交大学子相携上战场

训练班的首要任务是突击英语，最重要的是听和说，因此教学中主要采取典型的美式强化训练方式，着重口语练习。当时，学员们来自全国各地，发音不免带有各地的"风味"，比如"四川英语""湖南英语""浙江英语"……据中央大学的译员张良皋回忆，"有一天听隔壁两个人吵架，结果一句没听懂，后来才意识到，这两位说的是地道的四川话，我当英语听了。"此时，与一些学校的学生译员 YES 和 NO 都发不准音的情况相比，唐山交大的学生译员由于平时就用英语上课、写作业，因此优势就显现出来了。为了纠正这些"土英语"，外教们特别设了一堂课，就是让大家轮流上台去讲家乡的故事，然后互相纠正，挑出错误的口音。

学员们住在一栋具有典型云南民族特色建筑的大房子里，睡双人床，每人发了两套卡其布的军便装和一顶军帽……夏天的昆明，到处都是蚊子，学生们还是拼命学习英语，练习口语。来自不同的大学，译员们也会暗暗较劲，谁都不愿意给母校丢脸。清晨、傍晚，到处都是朗朗的英语声和学生的背影。

译员训练班学员结业时要经过外事局、美军顾问团和训练班三方派人口试，决定分配地点。在接受了一月有余的训练后，译员们奔赴战场。交大学子们有人被分到炮兵所，有人被分到战地医院，更有人被远派印度。然而，交大学子并不孤单，参加征调的交大学子多达上百人，无论被派往哪里，一起的交大学子都相帮相携，共同面对即将到来的考验。

青春在滇西战场上绽放

日军入侵缅甸后,中国境内的保山、腾冲、龙陵、芒市、瑞丽等也相继失守。滇缅公路被日军切断,美国援助中国的大量抗日物资只能通过空中运往中国。而从中国昆明到印度,飞机只能穿越喜马拉雅山,这就是二战中著名的"驼峰航线"。

穿越"驼峰航线"

"驼峰航线"西起印度阿萨姆邦,向东横跨喜马拉雅山脉、高黎贡山、横断山、萨尔温江、怒江、澜沧江、金沙江,进入中国的云南和四川。航线全长 500 英里,陆地海拔均在 4 500～5 500 米,最高海拔达 7 000 米,山峰起伏连绵,犹如骆驼的峰背,故而得名"驼峰航线"。

("驼峰航线")

"驼峰航线"是世界战争空运史上持续时间最长、条件最艰苦、付出代价最大最悲壮的空中航线。在长达 3 年的艰苦飞行中，中国航空公司共飞行了 8 万架次，美军先后投入飞机 2 100 架，双方总共参加人数有 84 000 多人，共运送了 65 万吨的战略物资、战斗人员 33 477 人。美国损失飞机 563 架，中国损失飞机 46 架。在驼峰空运期间，近 1600 名美国优秀飞行员英勇捐躯。

当时的译员在飞越"驼峰航线"时，并不清楚这条航线的危险性。他们几十人蜷缩着并排坐在机舱里。飞机飞越喜马拉雅山上空时，在驼峰上受强大气流的影响，顷刻间上升几百米，又忽而下降几百米，飞机震动非常强烈。每一次震动，对于这些大部分第一次坐飞机的大学生译员而言，都在听凭死神的召唤，加上在机舱内又寒冷无比，还要和冷空气作斗争，心脏一直经历着强烈的考验。他们只能盖上一条薄毛毯，还是冷得打颤。因为海拔高，空中缺氧，他们在寒冷中很快"睡"去。不知经历了多久，迷迷糊糊中看到一片阳光，飞机也变得平稳了，身上变得温暖了，才知道他们已经逃过"死亡航线"，成功抵达印度上空，降落在印度兰姆加盟军基地。然后再从兰姆加机场转机到中国外事局在印度的驻地报到，奔赴到印缅各战场。

应届毕业生里的"少校"

三级译员在中国军营中享受少校级待遇，被称为 MAJOR，佩戴军衔领章。他们在印缅盟军中的给养待遇以校官划线，校官以上给养享受 ration B，即二级待遇，而校官以下给养是 ration C，即三级待遇。译员给养除了有压缩饼干、巧克力、咸牛肉、香烟、火柴、砂糖、手纸，还可以享受到三级待遇不能享受的水果罐头、火腿以及冰淇淋粉等高级食品。到医院看病待遇也较高，其工薪除国内的工资照发外，还发给驻印津贴，每月是 100 多卢比（印度币）。

但是，这个"少校"待遇是学生译员们通过"罢操事件"抗争来的。

据译员张良皋回忆，他和几个同学经培训后被分配到炮兵训练所，定为三级译员，属于军事委员会外事局领导。每人领到了一套美军军服，却没有军阶徽章。所不同的是，译员的军服中美军船形军帽和裤子染成黑色以便"识别"，没有肩章。

在训练所里，中美两国官兵的待遇迥然不同。据《剑桥中华民国简史》记载，1个美国士兵在中国的费用，抵得上500个中国士兵的费用。美国官兵能吃到正规快餐，执勤时吃豆子罐头、牛肉罐头和补充体力的大块巧克力，有时还可以抽到香烟。而中国士兵大多营养不良。

美军常常把译员们当作没有地位的文职雇员颐指气使。译员们本来可以随便进入美军俱乐部看电影。后来美国工兵利用山坡地形建了座大型露天剧场，开幕后把译员们轰了出来，又将送译员进城度周末的卡车减少到只剩下一辆。这种有差别的待遇，顿时让译员们忍无可忍，于是经过串联，译员们全体"罢工"，连续三天拒绝从事操练和翻译工作。

后来经过调停，双方各让一步，平息了事态。

经过这次抗争，译员们得到了正名，被确认其身份是军中文职人员，不是"雇员"。从此，美军人员不再随随便便称呼他们"interpreter（译员）"，而是不嫌麻烦地称他们为"interpreting officer（翻译官）"，他们的着装也改为与美军一样，三级翻译官享受"同少校待遇"，但佩戴军衔时须按文职官衔降低两级，只能挂中尉领章。

但译员们不喜欢歪戴的美式船形军帽，自己上街去买了一顶中国软边军帽。于是这支译员队伍形成了独特军容：一身美式军装，却戴中国军帽。

翻译官们有专门的食堂，食堂里的菜品中西不分。有时候是一个一磅重的大肉丸子，有时候是一块大火腿，煎过之后，用刀切着吃。"一个月下来，就能长壮许多。"张良皋说。

战火中的"实习"答卷

印缅战争相当惨烈。译员的任务是负责中国军队与美英军之间的军事和给养供应、空投等之间的联络。

对于一个刚刚走出校门的大学生而言，战地生活异常艰苦。战争期间，他们和作战军人一样睡在刚挖好的战壕里，而印缅地区湿热多雨，战壕里常常积水很多，他们在水里一泡就是几天。炮弹常常在头顶飞哮，流弹从身边擦身而过是家常便饭。中国译员除了面对战场上的危险，还要应对各种情况。印缅丛林很多，常常遇到蛇、猴子、野象、马鹿等野生动物偷食捣乱。此外，最让人们难以忍受的是旱蚂蝗随时随地可以通过裤子爬到人的身体上吸血，它们甚至可以从长筒靴的鞋带孔中爬到腿上。在树林中，常常一打开靴子就有二三十只蚂蝗在吸血。蚂蝗一旦吸在人身上，想用手直接拿掉是不可能的，甚至将蚂蝗的吸盘拉断了仍不能取掉，只能等蚂蝗吸饱了血自动落下，或者滴上特制的防蚊油才会脱落。那时候中国军队的防蚊油供应有限，如果身上没有防蚊油，只能用香烟熏或者使劲拍打，才可能除掉。那时曾听说，当年中国人修中印公路，在日本人打来时施工队便躲进野人山，有人因为路上疲惫不堪睡在地上，第二天就被蚂蝗吸血吸成一堆白骨，惨不忍睹。就是在这样的环境中，译员们仍尽职尽责。翻译战报是译员的重要职责之一，即将盟军的战况周报译成中文，送交中国陆军总部，又将中国陆军的旬报译成英语，交给盟军司令部，以便交流信息。中方的战报大部分为侦察敌军的情况，如军用物资的转移存放或人员的调动，给美军以线索，以便美军开展轰炸，而美军的战报都是介绍轰炸的效果。

据唐山交大土木系校友曹吴淳回忆，1944年，作为第三期训练班译员的他和土木系严汉生、矿冶系杨真等多位同学一同被派往印度，在美军第20后方医院担任美军翻译。因战事艰难，20医院1000张病床躺满了伤员。医院分中国病区和美国病区，中国病区接收中国驻印军的伤病官兵。因为从医生到护士全部是美国人，必须要借助翻译才能进行交流，译员们就负责在各部门、病房从事口译工作。他们主要随医官查病房、了解伤员病情。工作一段时间后，曹吴淳发现，他们这些大学生译员比较受伤病官兵的欢迎，因为平时护士们工作繁忙，讲求效率，很少愿意跟伤病员进行交流，他们有很多问题只有在译员在场的时候才能询问，而译员都是跟随军医官工作，护士会因为军医官在场而对伤病员较为耐心。只要军医官和译员一离开病房，护士常常会板起脸来，病房就会安静下来，所以他们常常盼着译员到来，这样病房的气氛会显得轻松很多。

即便是在医院担任译员，工作也并不轻松。密支那战争期间，每天都有大量的伤病员从前线源源不断地被送至医院，日夜不停，译员要熟练地翻译大量的医学词汇，还要对每一位伤病员仔细询问受伤过程和伤势情况，很多重病伤员神志不清，答非所问，再加上中国军人大都来自各省偏远地区，地方口音原本就不大听得懂，口译难度非常大。工作中，美国医生非常讲求效率和准确性，如果译员在翻译中面露难色或者犹豫时，美国医生就重复一遍他讲的话，有时候甚至会重复多遍，刚开始担任译员的大学生就会非常紧张。据曹吴淳回忆，当时就有一位外校的译员因不能胜任翻译工作而被退送回国。为了更好、更准确地帮助美国医生做好工作，使中国同胞早日恢复健康，唐山交大的翻译官们专门准备了一本中英文对照的医学词典，只要一闲下来他们就一起翻词典，以记住更多的医学词汇。

战火中的情谊

1945 年，滇缅路打通了，在滇西的一年中，译员陈兰荪因就读于唐山交大土木工程专业，熟悉测量，因此在美国上司史密斯开办的炮兵测量讲习班上，除了翻译，史密斯还派给陈兰荪很多测量的任务，因见其完成得很好，史密斯便派其主持讲习班，负责给班里的军官讲授测量课程。其讲授的测量课程因通俗易懂受到美军的喜爱，美军们还常常用"Mr Chen"（陈老师）代替"interpreter Chen"（陈翻译官）的称呼，让陈兰荪倍感自豪。

交大译员曹吴淳的左眼内斜视，在为美国军医官担任翻译期间，因为跟美国军医官相处得很好，美军少校眼科主任亲自操刀为其免费治疗矫正。很多交大校友与美军军官们互赠了照片等诸多礼物，结下了难得的深情厚谊。

青春在战火中绽放

1945 年 8 月，日本宣布投降，世界反法西斯战争结束，1945 年 10 月，外事局全部翻译官复原，从战场中载誉归来的学子们脱下军装，重新回到学校，完成学业。

然而，并不是所有的翻译官都那么幸运，有那么一部分翻译官，他们的青春永远留在了滇西战场。

上海交大学子杨大雄，上海市人，1921年10月26日出生。1940年考入交通大学机械系，1944年毕业前，应征被派往国民党七十九军担任美军翻译官，因工作突出，先后参加了衡阳、邵阳、独山、柳州等多次重大战役。1945年6月21日，杨大雄在参加柳州战役时，以年轻之躯壮烈殉国。

据资料记载，当年国民政府前后征调到的大学生译员近5000人之多，但翻阅今天的资料，我们却对这段历史所知甚少。还有更多的人，也许历史没有铭记住他们的名字，但是在这场轰轰烈烈的战争中，他们在战火中绽放的青春终将被记史入册，我们会永远缅怀他们。

从翻译官中走出来的大师们

大批唐山交大的学子经过战争的洗礼更增强了爱国爱校的热情，他们深知只有祖国强大了才有个人的生存与发展。抗日战争结束后，这些担任过中缅印战场翻译官的唐山交大人在复兴国家的责任感驱使下立即投身到战后的建设之中，并涌现出了一批建设祖国的大师。

黄棠，祖籍江西清江，唐山交大"五老"黄寿恒之子，1941年夏考入（平越）国立交通大学唐山工程学院土木系，在抗战吃紧、平越不保的情况下，"五老"黄寿恒毅然将就读唐山交大的儿子黄棠送上战场，到炮兵部队担任翻译直至抗战胜利复员返校。黄棠于1946年5月毕业后被分配至湖南衡阳粤汉铁路局工程处。受抗战精神的影响，1948年2月他在湖南衡阳参加地下党组织。1950年10月至1952年4月在哈工大研究生班读研究生，1952年5月至1953年7月在北京俄文专科学校二部任学员，1953年8月至1966年5月在唐山铁道学院桥隧系任讲师，1966年5月至1990年4月在唐山铁道学院、西南交通大学任讲师、副教授、教授。

黄棠教授长期从事结构设计原理、钢结构、钢筋混凝土结构教学与科研工作。参加钢筋混凝土偏压专题、钢筋混凝土管柱纵向弯曲专题的研究工作及混凝土结构加固技术规范的编订。主持火灾后建筑结构强度损伤鉴定方法的研究，获国家自然科学基金项目资助。他针对钢筋混凝土偏心压杆、钢筋混凝土离心管柱值等写出报告，主持了轴心及偏心受压木构件考虑弹塑性工作的计算方法研究，效果显著。主编了《结构设计原理》教材，1980年由人民铁道出版社出版，该教材结合教学经验，自成体系，有独特的见解，1983年获得铁道部优秀教材三等奖，1990年获得建设部全国优秀建筑科技图书二等部级奖。黄棠教授博学多识、成果丰硕，深受师生的尊敬和爱戴，为国家的建设事业及我校的发展做出了突出的贡献。黄棠教授不但在学术上追求卓越，而且关心国家母校的发展，退休后撰写了大量有关抗战和母校校史的文章，并为唐院"五老"等老教授书写传记，为学校校史的发掘做出不可替代的贡献。黄棠教授于2016年10月31日在北京逝世，享年92岁。

夏彭年，1921年生，湖北浠水人。交通大学唐山工程学院毕业。夏彭年在抗日战争中被征调为英语译员，后赴缅甸前线驻英国军队第36师担任中英两军抗日火线的对敌搜索联络及通译，书生投笔固易，骤临真枪实弹、穿梭火线，也觉惊险多多。与夏彭年一同被派去的共两人，另一位便牺牲了，而夏彭年解放后便从事钢铁工业基建结构设计，直至1985年以高级工程师身份退休。他曾负责多项重大厂房及设施的设计，多次抢救重大工程事故，任艰荷重，踏实积极并大胆创新，为钢铁工业发展做出了应有的贡献。他乐于帮助同志，数十年不断挤出时间帮助同事补修数学、英语基础知识，常乐不倦。退休后喜读诗词，整理所作二百余首，也曾受过重大奖励。

王祖讷教授，1947年毕业于唐山交通大学矿冶系。1951年由开滦矿务局采煤工程师转入唐山交通大学采矿系任教，1952年随采矿系并入中国矿业学院（现中国矿业大学）。先后担任过选矿实验室主任，矿山机械系副主任。王祖讷教授是我国煤加工利用领域里资历最深、享有崇高声望的泰斗。半个世纪以来他为我国煤炭事业的教学和科研发展呕心沥血，贡献卓著。

王祖讷做教授是"六五""七五"国家重点攻关项目"水煤浆制备与燃烧技术"的课题组长，组织国内17个单位联合攻关，完成技术开发并建成工业生产示范体系。受到党和国家领导人接见和肯定。该课题经过艰苦的前期开发后获得联合国开发计划署资助（王祖讷为该项目主任）。他组织以中国矿业大学为主的各单位完成了十个研究专题。1987年起组织了以中国矿大为主的三个单位与意方合作（王祖讷为中方主任），完成大规模制浆、远距离管道输浆，大型燃油站改造的试验研究和工业可行性研究；利用中意合作项目支持，成立了世界实验室水煤浆技术研究中心。同时，建成了国家投资引进的国内唯一的水煤浆中试生产线。通过水煤浆研究项目，由王祖讷主持累计进口了价值140余万美元的现代化高精分析仪器，为有关领域的科学研究打下了基础。

王祖讷教授指导"煤炭深度物理加工"和"超低灰洁净煤工艺"研究取得突破性进展。他以此研究成果为依托，主持"九五"国家重点攻关子课题"煤炭深度物理加工应用研究"和"211"工程学科建设重点项目"煤基柴油代用燃料的制备与燃用"。

王祖讷教授治学严谨，学识渊博，他积极组织推动多种学术活动，在国内外同行中享有很高地位。1993年起至今他担任"匹兹堡国际煤炭会议"国际委员会副主席。1984年起，他先后在各种国际学术会议上宣读论文22篇，四次应邀到美、澳、秘鲁等国作学术报告。

庄育智，1942年考入交通大学唐山工学院矿冶系。

庄育智于1946年6月大学毕业后到开滦矿务局和天津炼钢厂工作过1年。1947年赴英留学，在英国利物浦大学冶金系读研究生，先后从事铅锡合金的时效硬化和锆粉末烧结金相学研究。他找到一种适合原子能生产的结构性能良好的锆粉，还撰写了《不锈钢和耐热钢组织结构变动》和《铅单结晶之X光衍射研究》两篇论文。先后获得利物浦大学冶金工程专业的工学硕士和哲学博士学位。庄育智在1951年12月拿到博士学位后，于1952年1月回到祖国。他协助李薰创建中国科学院金属研究所，历任副研究员、研究员、难熔金属室主任和金属

（中国科学院院士庄育智）

所副所长。1953年加入九三学社。1956年3月参加中国共产党。1959年，庄育智作为特邀代表出席了全国劳模群英会。先后被选为沈阳市和中国科学院劳动模范、党的十一届和十二届全国代表大会代表。

在国内首先开辟了难熔金属研究领域，庄育智领导建立了难熔金属相图实验室。曾研究成功变形钼合金顶头，已在全国应用。研究成功的钼合金蒙皮，为中国返地人造地球卫星试验成功做出了贡献。

谭靖夷，1921年11月6日出生于湖南省衡阳市，中国工程院院士，水利水电工程施工专家、中国首创高压灌浆技术的水电科学家，曾任中国水利水电第八工程局顾问、教授级高级工程师，水电部八局副局长兼总工程师，国务院三峡工程质量检查组副组长等职。

（中国工程院院士谭靖夷）

谭靖夷长期从事水利水电工程建设，主持建成大坝8座，水电站总装机容量163万kW，灌溉农田150万亩。1997年，当选为中国工程院院士。

2016年11月12日，谭靖夷因病医治无效在长沙逝世，享年95岁。

谭靖夷院士是中国水电开发的参与者、亲历者，更是中国水电施工技术的奠基者、开拓者、引领者，他为中国的水电开发事业，为党的事业、为"中国梦"奉献了毕生的精力和心血。他是水电事业科技创新的一面旗帜，是30余万水电建设大军学习的楷模。

附：唐山交大应征译员的学生名单
（共计92人）

第一批12人（学生11人，军训教官1人）：

陈宗载：男，21岁，广东番禺人，土木系三年级学生。
陈　嘉：男，21岁，江苏泰县人，土木系一年级学生。
庄宗勋：男，20岁，广东新会人，矿冶系二年级学生。
徐钦瑶：男，21岁，浙江鄞县人，矿冶系二年级学生。
孙永平：男，20岁，江苏武进人，矿冶系三年级学生。
吕均谦：男，22岁，安徽定远人，矿冶系二年级学生。
谭英俊：男，29岁，四川富顺人，土木系四年级学生。
庄育智：男，19岁，广东潮安人，矿冶系二年级学生。
蒋学乐：男，22岁，浙江嘉兴人，矿冶系一年级学生。
李道磐：男，21岁，江苏仪征人，土木系三年级学生。
戴国权：男，20岁，浙江平湖人，矿冶系二年级学生。
马绍武：男，32岁，河南鄢陵人，中校军训教官。

第二批57人（均学生）：

丁　河：男，23岁，浙江杭县人，土木系四年级学生。
顾家鹤：男，26岁，江苏南汇人，土木系四年级学生。
叶树骏：男，21岁，福建闽侯人，土木系四年级学生（后改名叶家骏）
言良士：男，25岁，江苏常熟人，土木系四年级学生。
孙言圭：男，27岁，江苏吴县人，土木系四年级学生。
周俊杰：男，23岁，江苏仪征人，土木系四年级学生。
凌大伟：男，23岁，上海市人，矿冶系四年级学生。
杨　真：男，23岁，福建闽侯人，矿冶系四年级学生。
吴宝榕：男，25岁，福建闽侯人，矿冶系四年级学生。
林　威：男，24岁，福建闽侯人，矿冶系四年级学生。

王崇树：男，28岁，江苏镇江人，矿冶系四年级学生。
李信德：男，26岁，广东中山人，矿冶系四年级学生。
林启云：男，23岁，广东新会人，土木系三年级学生。
黄为栋：男，26岁，广东开平人，土木系三年级学生。
汪树洲：男，24岁，福建闽侯人，土木系三年级学生。
陈学甫：男，25岁，福建闽侯人，土木系三年级学生。
肖敬翰：男，25岁，山东福山人，矿冶系三年级学生。
王树基：男，25岁，河北磁县人，矿冶系三年级学生。
潘克永：男，24岁，浙江余杭人，矿冶系三年级学生。
吴蕴礼：男，25岁，安徽合肥人，矿冶系三年级学生。
魏济武：男，21岁，山东历城人，土木系二年级学生。
吴占裘：男，22岁，广东南海人，矿冶系二年级学生。
夏彭年：男，23岁，湖北浠水人，土木系二年级学生。
周　泽：男，25岁，山西曲沃人，土木系三年级学生。
庄　劻：男，25岁，江苏武进人，矿冶系三年级学生（矿冶系二年级肄习完毕，在矿冶系三年级旁听）。
曹吴淳：男，25岁，浙江吴兴人，土木系二年级学生（土木系一年级肄习完毕，在土木系二年级旁听）。
杨子长：男，27岁，湖南长沙人，土木系四年级学生。
肖克长：男，26岁，湖南安化人，矿冶系四年级学生。
吴天济：男，21岁，江苏镇江人，矿冶系三年级学生。
王祖诺：男，25岁，广东南海人，矿冶系三年级学生。
王祖讷：男，21岁，广东南海人，矿冶系二年级学生。
过瑞南：男，24岁，江苏无锡人，土木系四年级学生。
谢承亮：男，25岁，湖南新化人，土木系三年级学生。
彭先兴：男，24岁，湖南蓝山人，土木系二年级学生。
龙　升：男，21岁，湖南湘乡人，土木系二年级学生。
靳　汉：男，22岁，河北徐水人，矿冶系二年级学生。
廖旺辅：男，24岁，湖南宁乡人，土木系二年级旁听。
严汉生：男，26岁，浙江吴兴人，土木系四年级学生。

吴守铭：男，21岁，贵州安龙人，工程一年级学生。
李之杰：男，20岁，江苏南京人，工程一年级学生。
熊　杰：男，22岁，上海市人，工程一年级学生。
尚　科：男，21岁，湖北当阳人，工程一年级学生。
刘守先：男，19岁，江西南昌人，工程一年级学生。
唐　瑛：男，21岁，湖南东安人，工程一年级学生。
董荫先：男，21岁，湖南湘乡人，工程一年级学生。
张有勋：男，21岁，湖南辰溪人，工程一年级学生。
许逸培：男，21岁，江苏宜兴人，工程一年级学生。
陈先德：男，20岁，湖北孝感人，工程一年级学生。
王　骧：男，20岁，江苏南京人，工程一年级学生。
黄仪文：男，22岁，广东饶平人，工程一年级学生。
陆孝铿：男，22岁，江苏武进人，土木系三年级学生。
刘邦祥：男，21岁，湖南东安人，土木系二年级学生。
郑昌文：男，23岁，江苏南京人，工程一年级学生。
陈兰荪：男，25岁，江苏海门人，土木系四年级学生。
汪菊澄：男，23岁，安徽休宁人，土木系二年级学生。
傅曾佑：男，24岁，江西丰城人，土木系二年级学生。
郄　正：男，27岁，河北清苑人，矿冶系二年级学生。

第三批23人：

张玉纯：男，26岁，河北元氏人，土木系四年级学生。
俞孔棣：男，23岁，浙江金华人，土木系四年级学生。
吴前川：男，26岁，浙江黄岩人，土木系四年级学生（后因病，未及格，准返校复学）。
董纪方：男，24岁，江苏吴县人，矿冶系四年级学生。
刘天锡：男，20岁，湖北汉口人，矿冶系四年级学生。
杨永宜：男，21岁，江西萍乡人，矿冶系三年级学生。
肖功领：男，23岁，湖南衡阳人，土木系三年级学生。

董建像：男，22岁，河北怀来人，矿冶系三年级学生。

郑崇达：男，21岁，江西石城人，矿冶系三年级学生。

万凡俦：男，21岁，湖北黄冈人，矿冶系三年级学生。

王世章：男，21岁，福建闽侯人，矿冶系三年级学生。

陈越荫：男，21岁，浙江杭县人，土木系四年级学生（由燕京转来平越不久）。

谭靖夷：男，22岁，湖南衡阳人，土木系四年级学生。

王志忠：男，22岁，江苏无锡人，矿冶系四年级学生。

黄　棠：男，20岁，江西清江人，土木系四年级学生。

陈益秋：男，18岁，浙江鄞县人，矿冶系一年级学生（后转学去清华）。

奚镜海：男，22岁，上海市人，矿冶系四年级学生。

陈志广：男，19岁，广东蕉岭人，土木系二年级学生。

黎炽洸：男，19岁，广东中山人，矿冶系二年级学生。

黄常钦：男，20岁，贵州绥阳人，矿冶系二年级学生（后因病，未由译训班毕业，回原籍休养）。

苏锵武：男，21岁，广东新会人，土木系四年级学生。

容兆康：男，21岁，广东新会人，土木系三年级学生。

邝荣锦：男，25岁，广东台山人，土木系三年级学生。

参考文献

[1] 刘汇海，毛祖坤. 中印公路抢修记[EB/OL].（2009-05-09）[2017-4-18]. http://tangyuanchunqiu.blog.163.com/blog/static/102392335200948101018832/.

[2] 云南公路史编写组. 云南公路史[M]. 北京：国际文化出版公司，1989.

[3] 人民网. 七七事变[EB/OL].（2005-07-05）[2017-03-24]. http://politics.people.com.cn/GB/8198/46867/46871/3519526.html.

[4] 彭荆风. 滇缅铁路祭[M]. 昆明：云南人民出版社，2005.

[5] 谢自佳. 抗战时期的滇缅公路[Z]. 云南文史资料选辑：第37辑，1965.

[6] 滇缅公路修通了[N]. 云南日报，1938-09-21.

[7] 中国政协西南文史资料协作会. 抗战时期西南的交通[M]. 昆明：云南人民出版社，1992.

[8] 中国公路交通史编审委员会. 中国公路史：第一册[M]. 北京：人民交通出版社，1990.

[9] 谭伯英. 血路——修筑滇缅公路纪实[M]. 昆明：云南人民出版社，2002.

[10] 张家德，蔡泽军，张愚. 滇缅路的修建及作用[Z]. 云南文史资料选辑：第37辑，1965.

[11] 长流. 伟大的滇缅公路[N]. 云南日报，1940-08-04.

[12] 吴承明. 帝国主义在旧中国的投资[M]. 北京：人民出版社，1955.

[13] 黄菊艳. 战时西南运输档案史料[J]. 档案与史料，1996（5）.

[14] [美]费正清. 剑桥中华民国史（1912—1949）：下[M]. 北京：中国社会科学出版社，1998.

[15] 张嘉敖在国民参政会第二届第一次大会的工作报告[J]. 档案史料与研究，1996（4）.

[16] [日]日本国际政治学会太平洋战争原因研究部. 通向太平洋战争的道路：进入南方[M]. 东京：日本朝日新闻社，1963.

[17] 蔡佑祥. 血肉共筑抗战生命线[J]. 红岩春秋，2011（2）.

[18] 中国第二历史档案馆. 中华民国档案资料汇编：第五辑第二编[M]. 南京：江苏古籍出版社，1997.

[19] 蒲元华. 血肉筑成的生命线——记滇缅、中印公路及驼峰航线的开辟[J]. 文史精华，1998（12）.

[20] 杨立鑫. 论滇缅公路的伟大功绩——纪念抗日战争胜利60周年[J]. 保山师专学报，2005（8）.

[21] 龚启英. 龚继成——滇缅交通史上的民族英雄[M]. 北京：人民交通出版社，2012.

[22] 龚继成. 为纪念六六工程师节而撰[J]. 工程界，1948（6）.

[23] 公诚. 皮可少将和龚继成：有关中印公路的几个故事[J]. 工程：武汉版，1947（3）.

[24] 龚继成，陈毓汉，路启蕃. 工程伟迹[J]. 唐山土木副刊，1946（9）.

[25] 龚继成，安钟瑞. 抗战期中之滇缅公路工程与管理[J]. 公路月报，1944（4）.

[26] 金旼旼，肖春飞. 赵祖康：抗战中的筑路人[EB/OL].（2005-09-03）[2017-04-10]. http://www.sh.xinhuanet.com/2005-09/03/content_5369822.htm.

[27] 段之栋. "工兵团的总工程师"李温平：对修筑中印公路作出卓越贡献[EB/OL].（2015-08-16）[2017-04-12]. http://www.yn.xinhuanet.com/newscenter/2015-08/16/c_134521798.htm.

[28] 李温平. 从机械筑路到定向爆破——我所走过的路[J]. 西南（唐山）交通大学北京校友会校友通讯，16.

[29] 国家一级口岸——猴桥口岸[EB/OL].（2008-11-08）[2017-04-12]. http://www.tengchong.gov.cn/info/1039/5451.htm.

[30] 贾国雄. 抗战时期滇缅公路的修建及运输述论[J]. 四川师范大学学报：社会科学版，2000，27（2）.

[31] 彭荆风. 滇缅铁路祭[M]. 昆明：云南人民出版社，2005.

[32] 政协湖北省秭归县委员会文史资料委员会. 忆念杜镇远[M]. 北京：中国文史出版社，1992.

[33] 王节尧. 滇缅铁路工程之设计及建筑[J]. 交通建设，1943.

[34] 西南交通大学校史编辑室. 西南交通大学（唐山交通大学）校史[M]. 成都：西南交通大学出版社，1996.

[35] 龚启英. 龚继成——滇缅交通史上的民族英雄[M]. 北京：人民交通出版社，2012.

[36] 杨实. 抗战时期的西南交通[M]. 昆明：云南人民出版社，1992.

[37] 陆安. 中印油管：托起抗战胜利的希望[J]. 文史春秋，2014（8）.

[38] 高时浏，戈叔亚. 忆中印油管的测设：这世上只剩下我一人了[J]. 地图，2009（6）.

[39] 张永帅. 一滴汽油一滴血[J]. 军事文摘，2016（3）.

[40] 卡西. 中印油管与二战日本败局[J]. 国企管理，2015（18）.

[41] 郭东林. 中印管道：抗日生命线[J]. 中国石油石化，2016（18）.

[42] 戈叔亚. 中印油管一[EB/OL]. http://blog.sina.com.cn/s/blog_4d9e1cca0100aqlz.html.

[43] 戈叔亚. 中印油管二[EB/OL]. http://blog.sina.com.cn/s/blog_4d9e1cca0100aqm4.html.

[44] 中石油新闻中心. 纪念抗战胜利70周年特别报道——中印油管：胜利命脉[EB/OL]. [2015-09-01]. http://news.cnpc.com.cn/system/2015/09/01/001557572.shtml.

[45] 中石油新闻中心. 探访中印油管的前世今生[EB/OL]. [2015-02-05]. http://news.cnpc.com.cn/system/2015/02/05/001527758.shtml.

[46] 教育部教育年鉴编纂委员会. 第二次中国教育年鉴[M]. 上海：商务印书馆，1948.

[47] 罗天. 抗战时期重庆的军事口译活动[C]//连真然，孔令翠. 译苑新谭：第四辑. 成都：四川人民出版社，2012.

[48] 陈兰荪. 追忆我在二战当翻译官的往事[C]//烽火弦歌——交大唐平两院三系校友诗文集，2006.

[49] 周太康. 回忆抗战时期的一段译员经历[J]. 武汉文史资料，2001（10）.

[50] 左平. 抗战时期盟军中的中国译员[J]. 社会科学研究，2013（1）.

[51] 卢国维. 驻印抗日远征军译员生活回忆[J]. 北京观察，2005（9）.

后记：用血汗铸就的爱国壮举

"卢沟桥事变"距今已经 80 年了，回望这段历史，这是一段不堪回首的往事。

1937 年 7 月 7 日，侵华日军悍然发动"七七事变"，中国人民抵御日寇侵略的抗日战争全面爆发。在这场为正义而战的反侵略战争中，中国人不惜抛头颅，洒热血，最终将日本帝国主义从中国的领土上赶出去，为世界反法西斯战争的胜利做出了不可磨灭的贡献。

当历史随着时间推移而渐渐远去之时，有些细节也会随之模糊。尤其是数百名唐山交大人在滇西抗战中为打通滇缅大通道所付出的生命、鲜血和汗水如今已少为人知，历史资料、滇西抗战纪念馆等对他们的记述也少之又少。为了让今天和明天的人知晓他们的事迹，记住他们为中华民族所做出的贡献，本书编写组从 2015 年纪念中国人民抗日战争暨世界反法西斯战争胜利 70 周年时就开始策划，走访、搜集资料，经过近三年的努力，这本书在今天终于付梓了。

在本书的编写过程中，我们每时每刻都被书中的人物和事迹深深地感动着，被那段可歌可泣的历史所打动着，终被交大人用血汗铸就的爱国壮举所折服。希望本书的出版能成为中国人民抗日战争史的一个重要补充，使西南交通大学的校史文化更加充实。我们希望，在"卢沟桥事变"80 年之际，将这群实业救国、翻译报国的西南交大人爱国至上的胸襟情怀、精益求精的工作态度和复兴民族伟业之宏愿传递给每一位读者，每一位师生校友和关心关注西南交通大学发展的各方人士，让他们做大事、成大事的精神成为推动我们不忘初心、继续前行的动力。

最后，感谢让本书能够得以付梓的幕后工作者，感谢牟朗宇、潘振军、菅娜娜、马超、田乐乐、周建坤、尹邦彦、刘思博、何小凡、王嘉钰、牛晨越、秦颂、吕世俊、何山、胡鑫、温雯锋、邹岚、秦颂、张思敏、李晓易、曹凤婷、茹婕妤、黄锟、姜绍望、闫闯、白玉、董正环，谢谢你们在资料收集、文字校对等方面给编者的帮助和支持，谢谢你们！